2020

天府金融
指数报告

（2020）

涂永红 | 主编

何 青 | 副主编

西南财经大学出版社

中国·成都

图书在版编目(CIP)数据

天府金融指数报告.2020/涂永红主编.—成都:西南财经大学出版社,
2021.11
ISBN 978-7-5504-5148-3

Ⅰ.①天… Ⅱ.①涂… Ⅲ.①金融事业—研究报告—四川—2020
Ⅳ.①F832.771

中国版本图书馆 CIP 数据核字(2021)第 240073 号

天府金融指数报告(2020)

TIANFU JINRONG ZHISHU BAOGAO(2020)

涂永红　主编

策划编辑:孙婧
责任编辑:王利
封面设计:墨创文化
责任印制:朱曼丽

出版发行	西南财经大学出版社(四川省成都市光华村街55号)
网　址	http://cbs.swufe.edu.cn
电子邮件	bookcj@ swufe.edu.cn
邮政编码	610074
电　话	028-87353785
照　排	四川胜翔数码印务设计有限公司
印　刷	四川新财印务有限公司
成品尺寸	170mm×240mm
印　张	8.25
字　数	97千字
版　次	2021年11月第1版
印　次	2021年11月第1次印刷
书　号	ISBN 978-7-5504-5148-3
定　价	58.00元

编委会名单

主　　编　涂永红

副 主 编　何　青

编　　委　(排名不分先后)

王江渝　厉　鹏　关　伟　陈　倩　周梓楠

秦　丽　钱宗鑫　郭　彪　黄继承　黄　毅

序言

　　《中华人民共和国国民经济和社会发展第十四个五年规划纲要》（简称《"十四五"规划纲要》）提出要"把实施扩大内需战略同深化供给侧结构性改革有机结合起来，以创新驱动、高质量供给引领和创造新需求，加快构建以国内大循环为主体、国内国际双循环相互促进的新发展格局"。金融行业不仅要让资源要素合理配置，还要坚持深化供给侧结构性改革，"健全具有高度适应性、竞争力、普惠性的现代金融体系，构建金融有效支持实体经济的体制机制"。金融中心建设是优化金融体系结构，实现金融资源合理配置，增强金融服务实体经济能力，促进地区经济平衡发展，提高我国金融国际竞争力的重要举措。实践中，上海、深圳、北京等城市定位全球性国际金融中心，努力建设开放的现代化金融市场体系和金融机构体系，打造全球人民币金融资产配置高地。成都、南京、重庆等城市定位区域性国际金融中心，建设国际领先金融基础设施，加强科技金融、绿色金融、文化金融等新兴金融培育，建成辐射"一带一路"沿线区域的金融要素集散地。

　　作为西部地区的国家中心城市，成都正努力建设有国际影响力的西部金融中心。2018 年 4 月 19 日，成都市《关于进一步加快建设国家西部金融中心的若干意见》和《建设西部金融中心行动计划（2017—2022 年）》明确提出了"到 2022 年，建成立足四川、服务西部、具有国际影响力的西部金融中心"的奋斗目标。成都建设金融中心的政策效果显著。天府国际基金小镇、成都知识产权交易中心、交子公园金融商务区等一批标志性项目落地发芽,自贸区试验改革和金融对外开放不断加速,以治理网贷机构为代表的系统性金融风险防控取得积极成效。2017年以来,成都在国内外金融中心指数排名中的位次明显提升。

实践的深入呼唤着理论的创新。各地金融中心建设正在如火如荼地推进,需要一个城市金融中心指数对各地的建设成果综合、全面、客观地进行评价,特别是反映以成都为代表的新兴金融中心的特色优势。同时,也需要从指数结果出发,总结归纳各地的建设经验,为国家金融中心建设、各地错位竞争提供科学可行的政策建议。成都市与中国人民大学联合编制的"天府金融指数"应运而生。中国人民大学是综合性研究型全国重点大学,首批"985工程""211工程"重点建设大学,2017年首批入选国家"世界一流大学和一流学科"建设名单。中国人民大学具有国内顶尖的金融学科实力,以资本市场研究、人民币国际化研究、金融科技研究为代表的理论成果,对中国金融改革发展做出了贡献。依托中国人民大学金融学科研究优势,天府金融指数继承了传统金融指数的普遍优点,增强了绿色、科技、文化、"三农"等新兴金融部门在该指数当中的重要性。该指数既接轨国际标准又符合中国国情,既有理论来源又立足实践,还形成了基于成功经验的结论和建议,是顺应中国金融体系优化改革、国家金融中心加快建设的重要理论成果。

《天府金融指数报告(2020)》是2017年以来连续第4次的天府金融指数发布,对2019年全国35个中心城市的金融发展情况进行了评价和分析。延续一贯的特色,该指数把金融对绿色发展、科技创新、文化繁荣、乡村振兴的支持纳入评价体系，充分体现金融服务实体经济的本源特性，重视新兴金融部门的贡献。该报告在关注总指数，进行城市综合金融实力排名的同时，兼顾子指数的情况，反映了不同城市金融中心的相对优势。各金融中心城市可以明确地了解自身的金融整体和局部发展现状，优化定位布局，实现错位竞争。

该报告特别关注了区域金融协调（协同）发展。在"双循环"格局下，长三角、京津冀、粤港澳大湾区和成渝地区等经济圈是畅通经济内循环，实现要素合理流动和协同高质量发展的示范区域。其中，金融协调（协同）发展尤其引人瞩目。该报告基于天府金融指数结果，梳理长三角、京津冀、粤港澳大湾区和成渝地区各中心城市的金融协同实践，总结出了上海一杭州"双核驱动、优势互补"，京津冀"北京引领、错位发展"，粤港澳大湾区"深圳先行、双核联动"，成渝两地"共建西部金融中心，服务成渝地区双城经济圈高质量发展"四种区域金融协调（协同）发展模式，为继续优化区域金融中心建设模式，金融中心之间相互借鉴成功经验，提供了合理的政策建议。

该报告既是对天府金融指数乃至整个金融指数理论研究的延续扩展，又是金融中心建设经验的最新总结，推荐相关研究者、政策制定者、金融界人士和其他感兴趣的读者阅读。

刘元春

2021 年 9 月 30 日

前言

　　近年来，我国不断加大对金融业发展和金融中心建设的政策支持力度，区域金融中心快速发展，金融业态不断创新。为了综合评估各中心城市金融发展的成果和突破性进展，促进城市间相互了解、实现错位竞争，增强金融服务实体经济能力，课题团队自 2017 年起编制天府金融指数，并每年更新数据，动态发布指数，进行比较研究。

　　关于指标体系设计，金融市场、金融机构、金融人力资源和金融从业环境等传统金融业态是主流金融指数所考虑的方面，天府金融指数也不例外。相较于现有的其他金融指数，天府金融指数的一大亮点是将新兴金融业态纳入评估体系。进入新时代，"一带一路"建设、长江经济带建设、京津冀协同发展、乡村振兴等战略给金融发展开拓了新空间，指出了新方向。在新发展理念指引下，科技金融、文化金融、绿色金融和农村金融等与创新驱动、文化自信、绿色发展、乡村振兴相适应的新金融业态方兴未艾。毋庸置疑，新兴金融业态拓宽了金融发展的广度与深度，丰富了创新驱动的方式方法，已成为各地争建区域金融中心的重要竞争力，是衡量地区金融发展潜力的重要指标。因此，天府金融指数体系中的新兴金融部分主要包括科技金融、文化金融、绿色金融和农村金融。

天府金融指数以"理论、政策、实践"为指标构建的基础，遵循以现有的金融中心理论为指导、兼顾未来金融业的发展趋势、充分考虑全面性和可获得性、动态追踪和评价金融体系的发展四个指标编制原则，既参考和借鉴世界上国际金融中心指数的构建标准，又充分考虑中国国情和特点，兼顾传统金融的发展模式和新兴的金融业态，力求系统、全面、准确地反映金融中心的现实情况和政策内涵。天府金融指数的编制选择 4 个直辖市、26 个省会城市和 5 个计划单列市，从金融市场、金融机构、从业环境、人力资源、科技金融、绿色金融、文化金融、农村金融八个维度进行评价。

《天府金融指数报告（2020）》评价体系包含一个总指数、两个分指数和八个子指数，主要评价全国 35 个中心城市 2019 年度的金融发展情况。2019 年，我国坚持新发展理念，以供给侧结构性改革为主线，加速金融市场开放，推动高质量发展，经济金融运行彰显较强的韧性。从总指数排名来看，前十名城市排名整体稳定，北京、上海、深圳、广州等一线城市继续名列前茅，杭州、成都、重庆和南京各项子指数的得分和排名也比较领先且稳定，仅有天津和武汉发生了位次调换。从总指数得分增速看，排名前十城市的平均增速为 2.3%，其余城市的指数得分增速也较高，表明多数城市正在进一步推动金融综合发展。从传统金融与新兴金融分指数来看，北京、上海、深圳和广州在金融市场、金融机构等传统金融业态和科技金融、绿色金融等新兴金融业态方面都名列前茅，其在金融领域的各方面发展比较均衡。南京在传统金融业态方面有相对优势，在新兴金融领域有较大发展潜力。成都、重庆和合肥在新兴金融领域有长足进步，但仍有较大的提升空间。

在本期天府金融指数中，各子指数呈现不同的城市排名分布。报告选取了在各子指数排名前列或者进步较大的城市进行分析，以挖掘其发展亮点，总结其发展经验。我们发现，各城市结合当地实际情况，因地制宜地采取相应政策或措施，对于发展瓶颈和发展问题提出并实施有针对性的解决方法。这其中存在着共性。一是金融与科技的结合较为普遍，且具有良好的政策效果。当前科技发展快速，大数据应用日益广泛，科技赋能有力地推动了金融子领域的发展。例如，通过大数据、云计算等现代技术深刻挖掘底层金融需求，加大金融下沉力度。二者的融合进一步加快了如文化金融、农村金融、从业环境等各个金融细分领域的发展与完善。二是创新与改革贯穿金融发展全过程。要实现长久持续的金融发展，离不开创新与改革，需要针对内外部环境变化进行改革，创新同环境相适应的机制体制，并通过改革创新引领金融各领域的进一步发展，完善各方面布局，从而推动金融整体建设与发展。

在指数分析基础上，报告进一步关注"区域金融协调（协同）发展"。在"双循环"新发展格局下，培育和发展长三角、京津冀、粤港澳大湾区和成渝地区四大经济圈，有利于在我国多方区域形成高质量发展的重要增长极，拓展全国经济增长空间。为了探索不同经济圈内的中心城市如何推进经济金融协同发展，报告基于天府金融指数结果，重点研究了长三角、京津冀、粤港澳大湾区和成渝地区各中心城市的金融发展现状和协同发展特点，并提炼出沪杭模式、京津模式、广深模式以及正在探索的成渝模式。长三角地区以"上海—杭州"金融协同发展模式为代表，形成了上海以传统金融为核心、杭州以新型金融为核心的"双核驱动、优势互补"的模式。

京津冀地区金融协同发展以北京和天津为主，呈现"北京引领、错位发展"模式，按照京津区域功能定位实现协同错位发展。紧紧抓住粤港澳大湾区建设的契机，广州和深圳进一步加强金融业融合，在金融协同发展中呈现"深圳先行、双核联动"的模式。成渝地区双城经济圈建设对成渝金融协同发展提出了更高的要求。与以上三个"双城"模式不同的是，成、渝两地拟"共建西部金融中心，服务成渝地区双城经济圈高质量发展"。

为了更好地建设区域金融中心，推动区域中心城市实现金融协同发展，报告提出如下建议：一是重视传统，创新推动新兴金融发展。与传统金融分指数相比，新兴金融分指数的排名变动更大，发展空间更宽广。成都、重庆和南京等城市借助新兴金融发展提升了整体竞争力、吸引力。在北京、上海、深圳、广州保持传统金融发展领先优势的情况下，其他城市在传统金融领域奋起直追的同时，应借鉴成都、重庆、南京等城市在农村金融、绿色金融、科技金融等新兴金融领域的发展经验，高度重视新兴金融发展，提升金融综合发展能力。二是扬长避短，发展适合自身特点的模式。改革创新是金融发展的根本动力。各城市应与时俱进，注重改革创新，不断完善金融发展的体制机制，为金融发展营造良好的制度环境、政策环境，引领金融业态健康发展。三是科技赋能，推动金融高质量发展。金融与科技融合是各中心城市金融发展中的一个普遍现象。应推动大数据、人工智能、云计算、物联网等现代技术在金融领域的运用，充分发挥科技赋能的作用，深刻挖掘底层金融需求，加大金融下沉的力度，拓宽金融服务领域。四是协调（协同）发展，形成中心城市错位发展新格局。在"全国一盘棋"的大格局下，以中心城市增长极带动区域经济协调（协同）发展，是我国经济可持续发展的重要特征。随着成渝双城经济圈建设的快速推进，东西部经济增长极相互呼应、国内经济循环的基础更加坚实。各中心城市应该找准参加国内国际经济双循环的产业、路径，主动融入四大经济圈，发挥好自身的优势和特色，建立支撑产业链供应链稳健发展的金融体系。

报告写作分工情况

前　言：涂永红、周梓楠；

第一章：涂永红、何青、张策、甘静芸；

第二章：何青、周梓楠、张策、甘静芸、刘尔卓、徐文君、苗艺馨、陈敏、王伦；

第三章：何青、周梓楠、刘尔卓、张畅、余昕晔、王汉学；

第四章：钱宗鑫、郭康；

第五章：黄继承、王汉学、牟天琦、罗泽兰、刁璐；

第六章：郭彪、涂永红、周梓楠；

附　录：何青、张策。

编者

2021 年 9 月 28 日

CONTENT 目录

第一章

天府金融指数简介

➡ 第一节 编制背景

成都市在"十三五"规划中提出了"全面建成具有国际影响力的西部金融中心"的总体目标，并分解为多项可执行、能落地、有引领作用的具体规划目标。2016 年 4 月，《成渝城市群发展规划》获国务院正式批复同意，赋予成都国家中心城市发展定位，成都正式开启西部金融中心建设征程。2017 年 8 月 22 日，成都市在香港发布了成都西部金融中心建设行动纲领，提出要建成具有国际影响力的西部金融中心。2018 年 2 月，成都召开建设国家西部金融中心大会，提出"加快建设服务治蜀兴川战略、服务国家'一带一路'建设的西部金融中心"，成都的西部金融中心建设加速开启国际化新征程。2018 年 4 月 19 日，成都市正式发布《关于进一步加快建设国家西部金融中心的若干意见》和《建设西部金融中心行动计划》。这两个文件是成都第一次为推进西部金融中心建设出台的纲领性、全局性、宏观性文件，明确提出了"到 2022 年，建成立足四川、服务西部、具有国际影响力的西部金融中心"的奋斗目标。2019 年 4 月，成都市集中出台四项配套文件，从推广交子金融"5＋2"平台、扩大金融对外开放、招揽金融人才、发展金融科技四方面，提出了一系列工作举措和扶持政策，进一步明晰西部金融中心建设的路径。金融发展要以服务实体经济为本源，成都建设金融中心的同时，重视金融对农业转型升级和高质量发展的推动作用。2019 年 8 月 6 日，中国人民银行成都分行认为，经济建设是乡村振兴之根本，要加大金融支持农村一二三产业融合发展的力度，要紧扣"生态宜居、乡村治理"大力提升综合金融服务能力，要围绕美丽乡村，加强绿色金融发展。2019 年 9 月 30 日，成都与中国平安保险（集团）股份有限公司签订战略合作框架协议。双方将围绕金融、保险、投融资等领域开展全方位合作，助力成都加快建设西部金融中心。

除了成都，全国范围内，根据公开信息涉及或者主动提出构建金融中心的城市亦不在少数，既有上海、北京、深圳这样的中心城市，也有许多区域性金融中心，包括东北区域的沈阳、大连、哈尔滨、长春，北部沿海区域的天津、济南、青岛、石家庄，东部沿海区域的杭州、南京、苏州、宁波、无锡、温州，南部沿海区域的广州、厦门、福州，中部区域的武汉、郑州、长沙、南昌、合肥，以及西部区域的成都、重庆、西安、昆明、乌鲁木齐、南宁等。但是，全国的金融资源是有限的，各地争相创建金融中心，容易形成恶性竞争和"以邻为壑"的外部性。因此，如何评价各地金融中心建设的成果和突破性进展，帮助各个城市相互了解实现错位竞争显得非常重要。天府金融指数（TFFI）在此背景下应运而生，其兼顾传统与新兴金融业态，科学构建指标体系，数据来源、编制方法公开透明，具有可复制性，秉持客观公正的原则，动态发布指数进行比较研究，增进各个中心城市之间的互相了解，有助于实现错位竞争和协同发展。

➡ 第二节 "理论""政策""实践"的编制框架

天府金融指数创造性地提出"理论""政策""实践"的框架，综合反映国内金融中心的建设情况。理论方面，TFFI的编制以金融发展理论和金融中心理论为基础，同时强调金融的"原生态"本质——服务实体经济。具体而言，金融作为经济发展的重要后勤保障，在一定条件下可以促进经济增长。功能上，金融有中介服务功能（货币兑换、资金借贷）、价值发现资源配置功能（融资方面、投资方面）、风险分担功能（股票、票据、信用证）、支持国家战略实施功能（如通过创新促进新兴产业发展），可以直接服务于实体经济。这些都为地区发展金融提供了理论支撑，但并非所有地区都适合发展成为金融中心。金融具有天然的集聚属性，经济聚集和区域经济中心是产生金融中心的必要前提。金融中心不只服务于当地，还会对周边经济产生辐射效应。

政策扶持和市场培育是中国经济 40 多年飞速增长的经验体现，政策变化是深化改革背景下建设金融中心时不可忽视的部分。近年来，我国对金融业发展和金融中心建设的政策支持力度不断加大，体现为如下四点：

第一，对金融业的认识不断加深。"金融活，经济活；金融稳，经济稳"是被党中央、国务院以及习近平同志反复提及的对金融与经济关系的概括。2017 年 7 月 14 日，习近平同志在全国金融工作会议上强调，金融是实体经济的血脉，金融制度是经济社会发展中重要的基础性制度，为实体经济服务是金融的天职和宗旨，也是防范金融风险的根本举措。2019 年 2 月 22 日，习近平同志在主持中共中央政治局集体学习时指出，金融是国家重要的核心竞争力，金融安全是国家安全的重要组成部分，金融制度是经济社会发展中重要的基础性制度，应抓住完善金融服务、防范金融风险这个重点，推动金融业高质量发展。

第二，金融业的重要性不断提升。在全面建成小康社会，市场的主体性地位不断凸显的背景下，金融业在社会经济生活中的作用不断增强。《中共中央关于制定国民经济和社会发展第十三个五年规划的建议》明确了金融业、金融服务和金融工具在坚持创新发展，着力提高发展质量和效益过程中的重要作用。不仅如此，从西部大开发、振兴东北老工业基地、中部崛起，到"一带一路"国际经济带建设，从综合改革试验区、自贸区试点，到脱贫攻坚、生态建设、科技创新，金融服务伴随着国家大政方针的实施，地位不断提升，作用日益显著。

第三，区域金融中心不断发展，金融业态不断创新。目前，各地围绕自身资源禀赋、地域特征以及自身在金融业中的分工和优势提出了不同职能、不同区域、不同级别的各类金融中心建设规划方案。在规划方案的指引下，按照各自的禀赋和要求，各类金融中心建设不断推进。党的十九大明确坚定实施创新驱动发展战略，将创新上升为引领发展的第一动力。步入新时代,"一带一路"建设、长江经济带建设、京津冀协同发展、乡村振兴等战略举措给金融发展开拓了新空间,指出了新方向。近年来,包括绿色金融、普惠金融、科技金融等在内的新兴金融业态方兴未艾,纷纷以创新驱动为抓手,着力构建现代化金融服务体系。全国多地延续和贯彻既定政策,结合当地实际,对新兴金融业态按照不同定位与发展方向,出台并实施了具体落地方案,助力地区经济发展。毋庸置疑,新兴金融业态拓宽了金融发展的广度与深度,丰富了创新驱动的方式方法,已成为各地争建区域金融中心的重要竞争力,是衡量地区金融发展潜力的重要指标。

第四,深化金融供给侧结构性改革,推动金融服务实体经济。2019年2月22日,习近平同志在主持中共中央政治局集体学习时强调,要深化对国际国内金融形势的认识,正确把握金融本质,深化金融供给侧结构性改革,平衡好稳增长和防风险的关系,精准有效处置重点领域风险,深化金融改革开放,增强金融服务实体经济能力[①]。2016—2018年,我国金融改革以去杠杆、防风险、实施资管新规、严查监管套利和多层嵌套等问题为主,并取得阶段性成果。但我国金融体系仍存在三方面的供给侧结构性问题:一是金融机构和市场的发展不够完善,直接融资占比较低;二是金融机构和市场提供的金融产品有限,难以满足居民和企业的多元化和个性化需求;三是金融机构和市场提供的融资难以满足新兴产业的融资需求。在这种背景下,深化金融供给侧结构性改革尤为重要。一是贯彻落实新发展理念,强化金融服务功能,找准金融服务重点,以服务实体经济、服务人民生活为本;二是以金融体系结构调整优化为重点,加快多层次资本市场建设,丰富多层次银行体系,构建集风险投资、银行信贷、债券市场、股票市场等于一体的全方位、多层次金融支持服务体系;三是增加金融产品

---

① 中华人民共和国中央人民政府. 习近平:深化金融供给侧结构性改革 增强金融服务实体经济能力[EB/OL].(2019—02—23)[2020—09—15]. http://www.gov.cn/xinwen/2019—02/23/content_5367954.htm.

供给、开发个性化、差异化、定制化金融产品，改善金融和实体经济供需结构；四是坚持精准支持，增加中小金融机构数量和业务比重，重点支持符合国家产业发展方向、产品有市场的小微企业、新型科创企业、民营企业和"三农"领域。

在实践经验方面，目前对中国各地区金融中心发展评价最为著名的两个指数，分别是伦敦金融城编制的 GFCI 指数和中国深圳指数研究院编制的 CDI CFCI 指数。其中，GFCI 指数由商业环境、人力资本、基础设施、金融产业实力、声誉五个部分构成，强调金融中心的专业性、连通性以及多样性。而 CDI CFCI 指数的四个一级指标分别为金融产业绩效、金融机构实力、金融市场规模和金融生态环境。GFCI 指数过于重视监管环境和税收制度，强调国际金融机构和跨国公司的集聚效应，而这点在中国各地的差距并不大。而 CDI CFCI 指数则过分依赖传统的金融中心理论，且为了保持一致性而没有涉及互联网金融、创业股权融资等目前日益重要的新兴金融业态，不能够全方位评估中国金融中心的发展情况。单一专家赋权的方式，更是影响了指数的客观性。

➡ 第三节　编制方法

天府金融指数遵循以现有金融理论为指导，充分考虑指标全面性和数据可获得性，兼顾传统与新兴金融业态，动态追踪和评价金融体系的发展四个编制原则。编制过程主要包括指标体系的确定、数据的搜集处理以及权重的确定、指数的计算。具体流程可参见图 1-1。

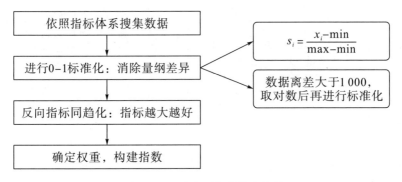

図 1－1　天府金融指数构建流程

一、数据搜集

出于对数据可获得性的考虑，t 年的天府金融指数主要使用 $t-1$ 年的公开数据。统计年鉴的数据一般有 2 年时滞，所以来源于统计年鉴的数据使用 $t-2$ 年的数据。如果编制 t 年指数时，部分 $t-1$ 年的数据仍未公开，则仍使用 $t-2$ 年的数据。

二、数据标准化

由于各指标变量的量纲不同，需要采用 min－max 方法对原始数据进行标准化处理，消去量纲，使得标准化后的指标变量都位于［0，1］区间，方便后续指数的计算。具体的标准化公式如下：

$$s_i = \frac{指标-该指标最小值}{该指标最大值-该指标最小值} = \frac{x_i - \min}{\max - \min}$$

上式中，x_i 为待标准化的变量数据，s_i 为标准化后的变量，min 为该指标变量的最小值，max 为该指标变量的最大值。

当指标数据存在极端值，离差较大时，简单的标准化方法可能会使得标准化后的数据分布在较窄的范围内，从而使得指标反映的信息模糊化，并且无形中增大了异常值的权重，不利于城市之间的客观比较。因此，针对离差较大（最大值减去最小值大于 1 000）的变量，我们采用先取自然对数值再进行标准化的方法进行特殊处理。

三、数据同趋化

天府金融指数定义为正项指标，指数数值越大，代表金融竞争力越大。因此，对反向影响金融竞争力的变量，需要进行反向变化，公式如下所示，其中 $\widetilde{s_i}$ 为同趋化后的指标。通过同趋化处理后，同趋的标准化指标同样位于 [0，1] 区间，且越接近于 1，金融竞争力越强；越接近于 0，金融竞争力越弱。

$$\widetilde{s_i} = \begin{cases} s_i & （当 i 为正向指标） \\ 1-s_i & （当 i 为反向指标） \end{cases}$$

在对指标变量进行标准化和同趋化之后，就可以用同趋的标准化指标计算天府金融子指数，其计算公式如下：

$$F_j = \sum_i w_{ji} \times \widetilde{s_{ji}}$$

四、指标赋权方法

确定各指标的权重是指数构建的重点。已有金融中心指数以及金融形势指数权重的确定方法有专家打分赋权法、层次分析法、主成分分析法、熵值法、支持向量机、VAR 脉冲效应法和 SVAR 脉冲效应法等。综合考虑，在天府金融指数的构建过程中，我们采用主成分分析法。主成分分析法的优点是既能够将大量指标变量构成的指数体系综合成几个简单的变量，又能够代表内部主要的推动信息。主成分分析法的应用从理论上使得指数指标体系的范围可以变成无穷大，能够将所有的相关变量全部纳入，归纳出主要信息。虽然主成分分析法主要依赖变量间的数值规律且缺乏经济学规律，但是考虑到数据的有限性并兼顾指标结果的客观性，我们仍选用这种方法计算天府金融指数。

此外，本报告新增传统金融指数和新兴金融指数两个分指数，其构建方法同上。

→ 第四节　指数综合评价

2017 年 11 月 24 日，首届天府金融论坛——天府金融指数暨金融促进军民融合措施发布会在成都举行。2018 年 10 月 25 日，2018 天府金融指数暨四川省科技金融发展规划（2018—2020 年）发布会在成都召开。2019 年 11 月 21 日，第三届天府金融论坛顺利举办。天府金融指数的编制选择了 4 个直辖市、26 个省会城市和 5 个计划单列市，从金融市场、金融机构、从业环境、人力资源、科技金融、绿色金融、文化金融、农村金融八个维度进行评价①，并选择消费金融、数字普惠金融作为观察的金融业态。三个年度天府金融指数的发布都引起了社会各界的极大关注和热烈讨论。

天府金融指数从多个方面对我国各中心城市实现金融错位竞争和协同发展产生积极影响，具备较强的参考意义与现实价值，能在一定程度上引领金融学科的发展。其适用范围较广，对决策者、金融机构从业人员、投资者都具有较高的参考意义和实用价值。第一，指数从多个维度综合评估各大中心城市的金融发展现状，让每个城市突出其独特优势，并对整体金融状况做出客观评价，便于政府管理者直观了解各个城市的金融全貌，明确各自的优势和短板，因地制宜制定相应政策，进行资源的优化配置。第

---

① 天府金融指数的指标体系与数据来源详见附录。

二，天府金融指数可充分展现城市新兴金融业态的发展情况，为决策者提供可靠的决策依据。第三，天府金融指数有助于金融机构和金融从业人员发现适合其自身发展的市场与空间，也便于投资者找到更符合自身投资需求的城市及具体的金融发展领域。

第二章

往期天府金融指数概况

➡ 第一节　2017 天府金融指数综合分析

　　表 2-1 展示了 2017 天府金融指数中 35 个城市的得分情况，表 2-2 是其相应的排名情况。其中，成都列第六位，得分为 45.16，前五名分别为北京（76.95）、上海（63.75）、深圳（59.69）、广州（46.31）、杭州（45.65）。可以看出，北京、上海、深圳在全国金融中心排名中具有非常明显的优势，广州、杭州虽然位列第四和第五，但是与成都的差距并不大，成都具有在短期内超越广州、杭州的潜在可能性。其他城市中，重庆虽然排名第七，但是其优势在于绿色金融和文化金融，其综合竞争力难以与前面几个城市匹敌。武汉、天津和南京在传统金融领域基础雄厚，并在新兴金融业态中拥有独特的优势，未来有机会进入第二梯队。

表 2-1　2017 天府金融指数得分①

城市	总指数	金融市场	金融机构	从业环境	人力资源	科技金融	绿色金融	文化金融	农村金融
北京	76.95	87.71	83.90	67.21	84.00	78.50	60.04	83.11	35.96
上海	63.75	77.33	75.57	67.06	75.35	47.64	52.50	57.08	26.92
深圳	59.69	72.35	66.84	64.74	54.48	59.50	51.64	47.88	58.32
广州	46.31	55.77	41.41	58.45	52.05	35.71	43.13	37.57	49.70
杭州	45.65	54.90	35.14	49.52	53.24	43.28	45.28	35.95	59.79
成都	45.16	48.30	37.67	45.86	54.51	38.31	46.34	40.18	70.19
重庆	41.04	40.21	32.35	44.94	47.50	29.45	50.29	39.93	59.73
武汉	38.62	36.90	34.01	47.50	55.41	33.20	40.43	21.43	53.37
南京	38.27	49.37	31.71	48.31	48.05	31.47	30.96	25.52	51.42
天津	37.63	41.28	35.12	50.50	57.97	16.53	41.87	21.56	39.14

---

　　①　最低分为 0，最高分为 100。后同。

续表 2-1

城市	总指数	金融市场	金融机构	从业环境	人力资源	科技金融	绿色金融	文化金融	农村金融
西安	34.90	38.65	32.46	30.67	54.48	25.70	42.02	18.72	47.04
长沙	31.75	28.44	26.16	39.02	51.25	11.10	36.95	23.47	65.20
郑州	31.69	39.01	25.38	33.98	42.87	10.71	42.65	21.37	65.02
济南	30.55	35.35	26.18	40.93	48.26	8.45	36.39	12.70	64.25
合肥	29.71	27.96	29.66	37.78	36.34	12.78	41.68	16.28	64.21
大连	29.65	33.49	22.26	46.52	44.64	6.42	36.27	16.51	46.68
厦门	29.15	41.44	22.93	46.92	34.68	7.69	43.06	9.24	34.28
青岛	28.72	28.45	22.07	43.78	38.08	10.16	39.63	13.95	63.84
宁波	28.10	37.17	14.98	43.46	35.33	12.33	32.74	17.51	52.00
福州	28.00	39.72	23.81	41.80	28.87	8.83	39.05	11.73	48.23
沈阳	27.14	31.52	20.76	45.00	39.01	7.07	33.82	12.47	39.63
南昌	26.93	26.67	19.56	35.35	35.36	20.42	38.90	8.66	56.22
太原	26.03	30.59	17.76	37.67	38.18	5.56	40.25	9.17	52.96
石家庄	26.02	29.61	18.14	36.72	31.94	4.66	42.36	13.14	64.36
乌鲁木齐	25.69	30.44	20.45	35.40	32.61	26.24	27.15	8.13	30.89
贵阳	25.64	23.61	15.03	34.08	34.57	23.28	36.53	10.38	47.87
昆明	25.38	25.46	19.42	38.36	35.10	4.51	39.23	12.90	50.25
哈尔滨	25.02	25.70	22.99	24.84	43.32	14.86	21.86	14.79	56.29
南宁	24.27	23.77	14.47	35.04	33.63	4.39	33.50	18.89	61.91
长春	24.15	23.12	25.28	31.54	39.82	5.21	29.98	9.03	54.01
海口	21.28	30.25	6.66	40.73	19.25	9.22	37.00	6.61	34.97
兰州	19.84	24.19	13.37	27.65	33.32	2.41	28.19	6.47	43.29
银川	17.90	17.47	4.67	36.07	21.24	3.74	36.05	7.03	31.52
呼和浩特	15.72	15.08	4.99	30.21	15.15	2.14	38.09	3.42	38.70
西宁	13.83	14.75	2.27	30.33	11.15	2.78	28.53	7.74	24.87

表 2-2 2017 天府金融指数排名

城市	总指数	金融市场	金融机构	从业环境	人力资源	科技金融	绿色金融	文化金融	农村金融
北京	1	1	1	1	1	1	1	1	29
上海	2	2	2	2	2	3	2	2	34
深圳	3	3	3	3	7	2	3	3	11
广州	4	4	4	4	9	6	7	6	20
杭州	5	5	6	6	8	4	6	7	9
成都	6	7	5	11	5	5	5	4	1
重庆	7	10	10	13	13	9	4	5	10
武汉	8	15	8	8	4	7	14	11	15
南京	9	6	11	7	12	8	30	8	18
天津	10	9	7	5	3	14	12	10	27
西安	11	13	9	31	6	11	11	14	23
长沙	12	24	14	19	10	18	22	9	2
郑州	13	12	15	29	16	19	9	12	3
济南	14	16	13	17	11	23	24	22	5
合肥	15	25	12	21	21	16	13	17	6
大连	16	17	20	10	14	26	25	16	24
厦门	17	8	19	9	25	24	8	26	31
青岛	18	23	21	14	20	20	16	19	7
宁波	19	14	29	15	23	17	29	15	17
福州	20	11	17	16	31	22	18	24	21
沈阳	21	18	22	12	18	25	27	23	26
南昌	22	26	24	26	22	13	19	29	13
太原	23	19	27	22	19	27	15	27	16
石家庄	24	22	26	23	30	29	10	20	4
乌鲁木齐	25	20	23	25	29	10	34	30	33
贵阳	26	31	28	28	26	12	23	25	22

续表 2 - 2

城市	总指数	金融市场	金融机构	从业环境	人力资源	科技金融	绿色金融	文化金融	农村金融
昆明	27	28	25	20	24	30	17	21	19
哈尔滨	28	27	18	35	15	15	35	18	12
南宁	29	30	30	27	27	31	28	13	8
长春	30	32	16	30	17	28	31	28	14
海口	31	21	32	18	33	21	21	33	30
兰州	32	29	31	34	28	34	33	34	25
银川	33	33	34	24	32	32	26	32	32
呼和浩特	34	34	33	33	34	35	20	35	28
西宁	35	35	35	32	35	33	32	31	35

从子指数的得分和排名来看，位列前六名的北京、上海、深圳、广州、杭州、成都，在各个子指数的得分上都比较均衡，尤其是在金融市场、金融机构、人力资源、科技金融、绿色金融、文化金融方面。相对而言，北京、上海在农村金融方面表现较为一般，上海在科技金融方面与北京差距较大。深圳、杭州和广州在人力资源方面排名稍微落后，成都在从业环境方面排名第十一，较为落后。除了这六个城市外，其他城市虽然排名得分较为落后，但都有占相对优势的子指数。重庆在绿色金融和文化金融方面排名全国前列；武汉积极促进金融机构和金融人才的聚集，并且在科技金融领域表现抢眼；南京依靠江苏省的大平台，在各个子指数上都表现抢眼，只不过在绿色金融方面发展滞后，拖累了其与第二梯队城市竞争的能力。天津在金融市场、金融机构、从业环境、人力资源等传统金融业态中表现强势，但是对新兴金融业态的重视不够，表现一般。厦门依托海滨环境优势，在从业环境和绿色金融方面处于全国前列，其金融市场表现也可圈可点。

→ 第二节　2018天府金融指数综合分析

　　表2-3展示所有35个城市2018年得分情况，表2-4是其相应的排名情况。其中，成都列第六位，得分为48.67，前五名分别为北京（78.89）、上海（64.79）、深圳（62.95）、广州（51.84）、杭州（48.99），六个城市的排名与上期相同。由此可见，北京、上海、深圳在全国金融中心排名中仍然具有明显优势，广州、杭州和成都属于第二梯队，成都与杭州的差距较小，具有在短期内超越杭州的潜在可能性。其他城市中，重庆虽然排名第七，但其优势在于绿色金融，综合竞争力难以与前几个城市匹敌。南京在本期天府金融指数中超越武汉，成为全国第八名，主要源于其传统金融进步明显。武汉在新兴金融业态中有独特优势，天津在传统金融领域基础雄厚。这三个城市未来有机会步入第二梯队。

表2-3　2018天府金融指数得分

城市	总指数	金融市场	金融机构	从业环境	人力资源	科技金融	绿色金融	文化金融	农村金融
北京	78.89	90.02	86.90	58.57	78.64	81.63	77.02	90.76	32.97
上海	64.79	73.91	77.86	60.31	60.83	65.85	60.57	64.90	26.23
深圳	62.95	70.89	70.42	61.82	57.67	63.85	59.93	58.74	52.94
广州	51.84	57.17	49.57	57.55	49.75	45.51	53.68	51.50	48.70
杭州	48.99	55.76	40.84	52.70	42.71	45.81	54.36	48.90	58.18
成都	48.67	47.35	45.60	46.92	50.31	42.30	55.48	43.39	81.33
重庆	43.52	39.48	39.78	43.27	38.94	40.97	57.44	41.16	58.78
南京	43.49	50.45	42.65	50.32	42.62	39.53	37.61	37.97	56.18
武汉	40.70	36.29	35.97	44.23	46.88	36.98	52.06	30.45	52.63
天津	40.19	38.20	41.96	47.41	45.54	40.81	41.03	28.35	37.31
西安	39.87	35.95	35.26	34.79	50.82	40.33	47.38	32.70	47.02

续表 2 - 3

城市	总指数	金融市场	金融机构	从业环境	人力资源	科技金融	绿色金融	文化金融	农村金融
郑州	38.74	41.19	35.86	39.86	39.69	25.14	51.87	30.06	68.70
长沙	38.54	28.79	35.90	43.20	43.64	28.06	39.61	42.64	67.16
济南	36.29	39.56	31.70	42.02	40.87	25.17	40.98	27.19	63.00
合肥	35.08	30.27	35.28	38.77	29.26	34.52	44.33	26.14	61.80
青岛	34.75	31.87	28.26	44.42	32.40	26.25	46.71	26.58	64.44
大连	33.63	31.19	29.03	44.88	38.64	25.08	36.27	27.40	49.34
宁波	32.52	33.88	20.91	46.14	24.52	31.58	37.38	29.52	51.22
福州	31.82	37.62	34.60	40.75	20.11	24.24	42.88	20.73	44.13
厦门	31.58	35.22	32.69	50.38	23.70	23.57	39.00	20.29	28.48
昆明	30.65	26.02	26.85	39.54	30.56	20.62	42.55	24.92	49.14
太原	29.89	32.14	23.34	37.01	33.71	12.90	49.12	18.88	46.39
沈阳	29.41	35.79	19.54	41.89	27.65	18.48	34.34	26.77	41.21
石家庄	29.39	27.64	21.17	33.96	24.05	19.15	48.40	23.30	63.10
南昌	28.86	23.50	29.81	36.00	26.93	24.77	41.97	14.58	50.22
贵阳	28.35	21.52	20.77	29.25	28.59	27.74	40.88	24.96	47.69
哈尔滨	28.24	26.50	26.24	29.93	37.70	23.82	25.11	21.50	52.14
乌鲁木齐	27.57	33.75	26.00	32.04	29.35	20.59	31.33	18.37	36.60
南宁	26.54	25.48	18.97	35.43	27.16	12.86	35.14	23.46	57.18
长春	25.95	21.33	24.27	35.86	32.49	15.53	28.07	18.49	49.96
兰州	24.91	26.03	19.28	29.71	28.00	14.58	31.91	21.35	41.27
呼和浩特	23.78	23.13	12.31	32.40	32.33	8.54	35.56	18.46	44.28
海口	22.07	31.06	12.04	40.04	15.44	6.53	36.79	13.53	30.86
银川	19.82	17.82	9.83	37.06	15.19	5.56	36.43	17.08	30.43
西宁	13.87	12.43	8.41	27.80	7.59	2.72	32.94	6.44	20.29

表 2－4　2018 天府金融指数排名

城市	总指数	金融市场	金融机构	从业环境	人力资源	科技金融	绿色金融	文化金融	农村金融
北京	1	1	1	3	1	1	1	1	30
上海	2	2	2	2	2	2	2	2	34
深圳	3	3	3	1	3	3	3	3	12
广州	4	4	4	4	6	5	7	4	20
杭州	5	5	8	5	10	4	6	5	9
成都	6	7	5	9	5	6	5	6	1
重庆	7	10	9	14	14	7	4	8	8
南京	8	6	6	7	11	10	23	9	11
武汉	9	13	10	13	7	11	8	11	13
天津	10	11	7	8	8	8	18	14	28
西安	11	14	14	28	4	9	12	10	22
郑州	12	8	12	20	13	18	9	12	2
长沙	13	24	11	15	9	14	21	7	3
济南	14	9	17	16	12	17	19	16	6
合肥	15	23	13	22	23	12	14	19	7
青岛	16	20	20	12	19	16	13	18	4
大连	17	21	19	11	15	19	27	15	18
宁波	18	17	27	10	29	13	24	13	15
福州	19	12	15	18	32	21	15	26	25
厦门	20	16	16	6	31	23	22	27	33
昆明	21	28	21	21	21	24	16	21	19
太原	22	19	25	24	17	30	10	28	23
沈阳	23	15	29	17	26	27	30	17	27
石家庄	24	25	26	29	30	26	11	23	5
南昌	25	30	18	25	28	20	17	33	16
贵阳	26	32	28	34	24	15	20	20	21

续表 2 - 4

城市	总指数	金融市场	金融机构	从业环境	人力资源	科技金融	绿色金融	文化金融	农村金融
哈尔滨	27	26	22	32	16	22	35	24	14
乌鲁木齐	28	18	23	31	22	25	33	31	29
南宁	29	29	31	27	27	31	29	22	10
长春	30	33	24	26	18	28	34	29	17
兰州	31	27	30	33	25	29	32	25	26
呼和浩特	32	31	32	30	20	32	28	30	24
海口	33	22	33	19	33	33	25	34	31
银川	34	34	34	23	34	34	26	32	32
西宁	35	35	35	35	35	35	31	35	35

从子指数的得分和排名来看，位列前六名的北京、上海、深圳、广州、杭州、成都，在各个子指数的得分上都比较领先，这在金融市场、金融机构、科技金融和文化金融上表现得尤为明显。相对而言，北京、上海在农村金融方面表现较为一般，上海在科技金融和文化金融方面与北京差距较大。深圳发展较为均衡，广州在农村金融方面进步空间较大，杭州在人力资源方面排名较低，成都在从业环境方面的排名稍显落后。其他城市虽然排名和得分与前六名有一定差距，但都有占相对优势的子指数。重庆在绿色金融方面排名全国前列；南京依托江苏省的大平台，积极拓宽金融市场规模，促进金融机构集聚，但其绿色金融发展稍显滞后，拖累了其与第二梯队城市竞争的能力；武汉在人力资源和绿色金融方面的表现可圈可点，其他方面有待进一步加强；天津在金融机构、人力资源、从业环境等传统金融业态中有独特优势，但新兴金融业态表现一般，未来进步潜力较大。

为了更好地结合 2017 天府金融指数的计算结果为成都的金融发展提供政策建议，我们将同处于第二梯队的广州和杭州作为对标城市，进行横向对比分析。从子指数来看，成都在金融市场方面排名第七、金融机构方面排名第五、从业环境方面排名第九、人力资源方面排名第五、科技金融方面排名第六、绿色金融方面排名第五、文化金融方面排名第六、农村金融方面排名第一。成都的金融基础良好且仍有一定的提升空间,其新兴金融发展具有一定优势,若想继续保持当前排名,仍需后续政策跟进。从雷达图(图2-1)中我们可以看到,成都新兴金融分项指标得分波动幅度较大,文化金融稍显落后,农村金融表现突出。而在传统金融领域,成都在金融市场、金融机构、从业环境方面与对标城市存在一定差距。必须进一步加强金融基础设施建设和金融人才的培养,为成都金融的长足发展提供坚实支撑。综合来看,在金融市场、金融机构、从业环境、人力资源、科技金融、绿色金融、文化金融、农村金融八个子指数方面,广州、杭州、成都三者的差距并不明显,广州在金融市场、金融机构和从业环境这些传统金融度量指标上展现出一定优势,成都和杭州则在新兴金融业态上发展迅速,成都在农村金融领域位居三市之首。雷达图表明,三个城市在金融发展水平上没有明显差异,相关指标排名竞争激烈。成都应结合自身新兴金融业态优势,进一步做强传统金融,以期在金融领域取得更加优异的成绩。

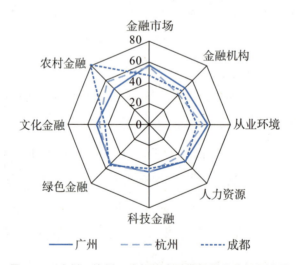

图2-1 广州、杭州、成都的金融指标得分分析雷达图

与 2017 年的结果相比较，从总指数排名来看，排名前十城市变动不大，南京超越武汉成为第 8 名，这主要源于南京市在金融机构、绿色金融和农村金融领域的排名有所提升，同时武汉市在从业环境、人力资源和科技金融方面的排名相对下滑。南京券商类金融机构（华泰证券为主）在 2017 年表现较好，直接带动了南京金融机构分项排名上升。此外，南京重视绿色金融的发展，引入了"中研绿色金融研究院"，加大了金融支持绿色产业力度，引导和激励更多社会资本进入环保领域和绿色产业。再者，南京在农村金融领域也取得了不错的成绩，其主要采取了三个方面的惠农金融举措：积极发展"小微""三农"信贷业务，促进"两权"抵（质）押贷款试点，推进"农村金融综合服务站"建设等。武汉市在人力资源基础和潜力方面的竞争力相对减弱，并且在城市环境和军民融合方面有待进一步提高。

从总指数得分增长率来看，排名前十城市的平均增速达到 6.85%，其中南京和广州表现突出，增速达到 10% 以上。成都的表现也可圈可点，其指数得分增速为 7.8%，在排名前十城市中位列第三。北京、上海和深圳等第一梯队城市由于金融发展起步早、基础体量大，其得分增速低于平均水平；第二、三梯队城市则借助后发优势加速前进，力争实现"弯道超车"。参见表 2-5。

表 2-5　天府金融指数得分与排名变化比较（排名前十城市）

单位：%

城市	2018 年总指数排名	2017 年总指数排名	2018 年总指数排名变化	2018 年总指数得分增长率
北京	1	1	—	2.5
上海	2	2	—	1.6
深圳	3	3	—	5.5
广州	4	4	—	11.9
杭州	5	5	—	7.3
成都	6	6	—	7.8

续表 2-5

城市	2018 年总指数排名	2017 年总指数排名	2018 年总指数排名变化	2018 年总指数得分增长率/%
重庆	7	7	—	6.0
南京	8	9	+1	13.6
武汉	9	8	—1	5.4
天津	10	10	—	6.8

注:"+"表示较上年上升,"—"表示较上年下降,"—"表示无变化。后同。

　　从子指数排名来看,如图 2-2 所示,成都市总体上保持稳定发展,其在从业环境方面进步了 2 名,在科技金融和文化金融方面分别下滑了 1 名和 2 名。具体来看,城市环境和制度环境的相对进步是成都 2018 年在从业环境方面排名上升的主要原因。成都与广州和杭州同属第二梯队,三个城市间的差距并不大。2017 年,成都在文化产业投资方面的排名优势被削弱,同时广州和杭州文化产业发展势头强劲,因此 2018 年成都文化金融排名出现了下降。此外,成都在科学技术支出占财政支出比重、研究与试验发展人员数等科技金融基础指标上与广州相比还有一定差距,这成为广州在科技金融指数上超过成都的关键点。

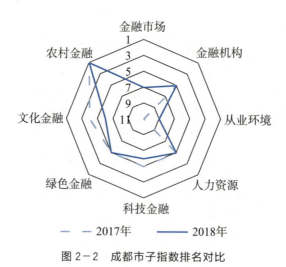

图 2-2　成都市子指数排名对比

➡第三节　2019 天府金融指数综合分析

表 2－6 展示了 35 个城市 2019 年天府金融指数得分情况，表 2－7 是其相应的排名情况。其中，成都列第六位，得分为 46.36，前五名分别为北京（78.78）、上海（64.61）、深圳（63.69）、广州（49.90）、杭州（48.34），六座城市的排名与上期相同。北京、上海和深圳在天府金融指数的评价体系中牢牢占据前三位，其中北京整体领先优势较为明显，上海和深圳在传统金融和新兴金融领域的发展较为均衡，深圳与上海的总指数分值差距进一步缩小。广州、杭州和成都处于第二梯队，这三个城市绝大部分子指标的排名位于全国前十，虽然与北京、上海和深圳还有不小差距，但与其他城市相比具有明显优势。传统金融方面，广州依旧具有领先优势，而杭州和成都则需要继续加强。新兴金融业态方面，从排名来看，广州科技金融和绿色金融发展较好，杭州在科技金融和文化金融领域具有一定竞争力，成都农村金融实力强劲。广州和杭州在农村金融方面有待提升，成都则需要进一步发展新兴金融业态。其他城市中，重庆在传统金融领域的排名靠后，主要靠其在新兴金融业态方面的优良表现位列全国第七。值得一提的是，重庆绿色金融领域排名继续提升，在本期位列全国第二，是其一大亮点。南京凭借其在金融市场、金融机构和从业环境等传统金融领域的良好发展态势位列第八，绿色金融是其亟待提升的领域，在金融中心的发展中需要找准自身定位，发挥优势的同时重视弥补短板。武汉近些年努力开展招商引资和招才引智，吸引高端科技人才和金融人才，在人力资源领域的表现突出，但金融机构方面仍需要进一步提升。天津传统金融领域基础雄厚，其金融机构和人力资源排名有所提升，但新兴金融业态的发展稍显不足。重庆、南京、武汉和天津发展后劲足，未来有机会步入第二梯队。

表 2－6 2019 天府金融指数得分

城市	总指数	金融市场	金融机构	从业环境	人力资源	科技金融	绿色金融	文化金融	农村金融
北京	78.78	82.51	80.92	63.95	82.24	84.08	80.31	86.12	33.97
上海	64.61	70.18	72.56	64.91	68.19	64.07	51.51	67.22	27.53
深圳	63.69	72.76	68.99	62.49	60.60	65.97	60.65	56.24	52.60
广州	49.90	51.73	42.61	59.65	48.74	52.67	46.29	48.19	49.82
杭州	48.34	50.91	39.27	56.95	46.97	48.20	49.68	45.57	57.34
成都	46.36	43.26	41.78	50.28	44.10	44.40	49.85	43.85	81.71
重庆	43.54	36.34	34.49	43.32	40.66	45.48	60.90	41.56	64.26
南京	42.01	46.87	37.29	53.63	43.75	36.91	34.71	37.55	58.10
武汉	40.56	37.36	30.10	45.31	45.83	46.08	44.42	32.98	54.57
天津	39.20	36.23	38.19	49.80	48.46	37.26	41.06	26.07	35.61
西安	38.60	34.79	33.52	37.06	46.77	41.87	44.03	30.31	51.08
郑州	36.08	39.86	31.49	41.05	34.33	26.42	48.28	27.34	64.47
长沙	35.98	29.86	30.94	41.65	39.18	28.76	37.44	37.67	68.38
济南	35.57	37.88	30.86	43.85	40.43	25.20	42.01	24.62	64.06
合肥	34.70	27.88	31.73	40.79	26.66	38.97	44.18	28.13	63.97
青岛	34.21	30.82	26.60	46.63	33.30	27.71	46.59	23.96	66.73
大连	33.63	30.52	28.74	45.72	42.17	23.88	38.77	24.59	49.46
厦门	32.30	32.10	30.21	53.86	29.34	24.80	40.45	19.24	32.01
宁波	32.20	31.42	24.48	47.10	25.37	33.25	35.07	26.33	51.91
福州	31.52	33.66	27.06	45.16	26.95	29.16	38.06	19.57	47.59
沈阳	29.33	31.54	22.54	42.11	30.82	18.72	36.75	22.50	43.30
昆明	29.29	26.15	20.58	41.83	28.17	21.80	43.12	21.78	52.93
太原	29.28	30.55	23.83	37.78	34.62	14.32	44.59	19.97	42.61
贵阳	28.74	24.85	19.20	31.46	26.17	30.62	44.69	22.50	48.88
南昌	27.82	24.42	24.40	38.68	22.90	27.89	42.29	12.30	51.88
乌鲁木齐	27.71	31.29	22.80	34.08	31.37	21.41	33.89	18.54	38.87

续表 2-6

城市	总指数	金融市场	金融机构	从业环境	人力资源	科技金融	绿色金融	文化金融	农村金融
石家庄	27.62	25.94	16.86	35.27	22.57	18.35	48.23	22.23	63.10
南宁	27.03	25.94	21.53	34.81	25.70	13.28	39.59	23.72	60.75
兰州	26.53	25.91	21.68	32.55	29.27	15.07	42.19	19.17	41.03
哈尔滨	26.38	22.00	23.86	29.73	32.40	24.29	22.53	22.31	59.63
长春	25.16	19.53	21.81	38.03	34.31	14.36	25.97	18.99	47.76
海口	22.54	31.33	16.40	43.97	14.13	4.47	36.58	12.58	35.86
呼和浩特	21.54	20.72	7.39	34.92	24.46	6.50	41.12	16.09	41.40
银川	19.76	17.00	12.69	33.99	15.48	7.89	38.22	14.69	32.78
西宁	13.04	7.35	7.91	29.58	6.76	2.31	30.46	8.82	24.89

表 2-7　2019 天府金融指数排名

城市	总指数	金融市场	金融机构	从业环境	人力资源	科技金融	绿色金融	文化金融	农村金融
北京	1	1	1	2	1	1	1	1	31
上海	2	3	2	1	2	3	4	2	34
深圳	3	2	3	3	3	2	3	3	15
广州	4	4	4	4	4	4	10	4	19
杭州	5	5	6	5	6	5	6	5	12
成都	6	7	5	8	9	8	5	6	1
重庆	7	11	9	17	7	7	2	7	5
南京	8	6	8	7	10	12	31	9	11
武汉	9	10	16	13	8	6	13	10	13
天津	10	12	7	9	5	11	21	15	30
西安	11	13	10	26	11	9	15	11	18
郑州	12	8	12	21	16	19	7	13	4
长沙	13	23	13	20	14	16	27	8	2
济南	14	9	14	16	13	20	19	16	6
合肥	15	24	11	22	26	10	14	12	7

城市	总指数	金融市场	金融机构	从业环境	人力资源	科技金融	绿色金融	文化金融	农村金融
青岛	16	20	19	11	18	18	9	18	3
大连	17	22	17	12	11	23	24	17	20
厦门	18	15	15	6	22	21	22	27	33
宁波	19	17	20	10	29	13	30	14	16
福州	20	14	18	14	25	15	26	26	23
沈阳	21	16	25	18	21	26	28	20	24
昆明	22	25	29	19	24	24	16	24	14
太原	23	21	23	25	15	30	12	25	25
贵阳	24	29	30	33	27	14	11	21	21
南昌	25	30	21	23	31	17	17	34	17
乌鲁木齐	26	19	24	30	20	25	32	30	28
石家庄	27	27	31	27	32	27	8	23	8
南宁	28	26	28	29	28	31	23	19	9
兰州	29	28	27	32	23	28	18	28	27
哈尔滨	30	31	22	34	19	22	35	22	10
长春	31	33	26	24	17	29	34	29	22
海口	32	18	32	15	34	34	29	33	29
呼和浩特	33	32	35	28	30	33	20	31	26
银川	34	34	33	31	33	32	25	32	32
西宁	35	35	34	35	35	35	33	35	35

从子指数的得分和排名来看，位列前六名的北京、上海、深圳、广州、杭州、成都，其各项子指数的得分和排名都比较领先。相对而言，北京、上海在农村金融方面竞争力不足，上海在科技金融、绿色金融和文化金融方面与北京差距较大。深圳发展较为均衡，广州和杭州在农村金融方面的进步空间较大，成都人力资源、科技金融的排名稍显落后。其他城市中，其排名和得分虽然与前六名城市有一定差距，但各自都具备相对优势。重

庆在绿色金融方面排名全国前列；南京依托江苏省大平台，积极拓宽金融市场规模，促进金融机构集聚，但其绿色金融发展稍显滞后，拖累了其与第二梯队城市竞争的能力；武汉在人力资源和绿色金融方面的表现可圈可点，其他方面有待进一步加强；天津在金融机构、人力资源、从业环境等传统金融业态方面拥有独特优势，但新兴金融业态表现一般，未来进步潜力较大。

如表 2-8 所示，排名前十城市的总指数排名与上年保持一致。从子指数看，南京市在金融基础指数层面表现稳定，其人力资源排名有小幅提升，金融机构排名略有下降。南京券商类金融机构在 2018 年的业绩小幅下滑，但仍凭借较大体量守住了传统金融领域优势。同时，南京资产评估机构资质较上年小幅下滑，直接影响了金融机构排名。重庆市在传统金融领域发展较为缓慢，而在新兴金融领域表现较好。重庆市在从业环境方面下滑较明显，金融市场方面排名亦小幅下滑。2018 年，重庆在医疗基础设施方面发展较慢，患者床位紧张状况在 2018 年度进一步加剧，影响了重庆从业环境的进一步提升。值得注意的是，重庆在绿色金融和农村金融领域取得了显著成效。

如表 2-8 所示，从总指数得分增长率来看，排名前十城市的平均增速为 -1.5%，绝大多数城市的总指数得分较上年下降，而深圳表现突出，其得分增长了 1.2%。2018 年，金融行业整体处于变局之年；国际形势方面，中美贸易摩擦增加了中国金融市场的不确定性。北京、上海和深圳等第一梯队城市由于传统金融体系成熟，抵御（应对）风险能力较强，金融业态波动相对较小；第二、三梯队城市金融体系相对薄弱，传统金融和新兴金融业态均出现较大波动。此外，城市群之间的集聚和趋同效应明显增强，城市发展速度趋缓，亟须新的技术和增长点为城市发展注入新动能。

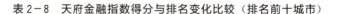

表2-8 天府金融指数得分与排名变化比较（排名前十城市）

单位:%

城市	2019年总指数排名	2019年总指数排名较上期的变化	2019年总指数得分增长率
北京	1	—	−0.1
上海	2	—	−0.3
深圳	3	—	1.2
广州	4	—	−3.7
杭州	5	—	−1.3
成都	6	—	−4.7
南京	7	—	0.0
重庆	8	—	−3.4
武汉	9	—	−0.4
天津	10	—	−2.5

　　金融发展的综合提升是一个需要时间积累并从多方面共同发力的过程。短期内，金融综合实力较强的城市间的相对差距和名次不会发生太大变动，例如北京、上海、深圳、广州、杭州、成都和重庆等城市。部分城市会因为彼此在某些领域排名的上升或下降而实现赶超，例如厦门和宁波。总体而言，各中心城市可依托天府金融指数综合评价体系，在金融中心的发展中找准自身定位，发挥自身优势，吸取经验和教训，实现金融综合实力的提升，以确保在金融中心建设的竞争中占有一席之地。

第三章

2020天府金融指数概况

2020 天府金融指数评价体系包含一个总指数、两个分指数和八个子指数，主要评价全国 35 个中心城市 2019 年度的金融发展情况①。根据 2020 天府金融指数，各中心城市的总指数得分较为稳定，较好地保持了金融发展的相对优势。从总指数得分增长率来看，35 个中心城市金融指数的平均增速为 3.4%，这表明我国经济金融体系建设稳中有进。天府金融指数的一大特色是兼顾传统金融和新兴金融指标。为了更清晰地呈现各城市在传统金融业态和新兴金融业态方面的发展动态，本报告新增传统金融分指数和新兴金融分指数。

➡ 第一节　2020 天府金融总指数概况

2019 年，我国坚持新发展理念，以供给侧结构性改革为主线，加速金融市场开放，推动高质量发展，经济金融运行彰显了较强的韧性。从总指数排名来看（表 3-1），北京、上海、深圳、广州等一线城市继续保持总指数排名前四位。排名前十城市整体稳定，只有天津和武汉发生了位次调换。西宁、宁波、合肥、南宁和长沙总指数得分增速居于前列，海口、兰州、武汉和深圳的总指数得分出现下降。西安、长沙、合肥、郑州和济南各有优势，未来有跻身前十名的可能。西安在人力资源和科技金融方面进步较大；长沙、合肥、郑州和济南在农村金融领域成效明显。

如表 3-1 所示，从总指数得分变化率看，排名前十城市的平均增速为 2.3%，且绝大多数城市的总指数得分有提高，表明其传统金融和新兴金融业态稳健发展。其他城市中，部分城市总指数的排名或得分变动较大。宁波在金融市场、金融机构、从业环境、人力资源四大领域的得分均实现了较快增长，使其总指数排名增长居首位；合肥的从业环境和农村金融子指

_____

① 2020 天府金融指数编制方法和指标体系详情见附录。

数得分增长是其总指数增幅较大的主要原因；长沙则受益于科技金融子指数得分的高增长。也有少数城市出现了部分子指数得分下降的情况，海口的金融市场子指数和兰州的从业环境、人力资源、农村金融子指数得分均有所下降。

表 3－1　全国 35 个中心城市 2020 天府金融总指数得分和排名

单位：%

城市	总指数得分	得分变化率	排名变化
北京	79.15	0.47	1（一）
上海	66.67	3.19	2（一）
深圳	63.41	−0.44	3（一）
广州	52.18	4.55	4（一）
杭州	49.31	2.01	5（一）
成都	47.29	2.01	6（一）
重庆	44.80	2.89	7（一）
南京	44.61	6.20	8（一）
天津	40.52	3.38	9（＋1）
武汉	40.06	−1.22	10（−1）
西安	39.71	2.87	11（一）
长沙	38.50	7.02	12（＋1）
合肥	37.46	7.96	13（＋2）
郑州	37.21	3.14	14（−2）
济南	36.99	3.97	15（−1）
宁波	35.18	9.24	16（＋3）
青岛	34.92	2.08	17（−1）

城市	总指数得分	得分变化率/%	排名变化
大连	34.64	3.00	18（－1）
厦门	34.37	6.41	19（－1）
福州	33.05	4.85	20（－）
昆明	30.83	5.25	21（＋1）
太原	29.96	2.32	22（＋1）
沈阳	29.89	1.90	23（－2）
贵阳	29.67	3.21	24（－）
南昌	29.09	4.58	25（－）
南宁	29.06	7.52	26（＋2）
乌鲁木齐	29.00	4.67	27（－1）
石家庄	28.77	4.16	28（－1）
哈尔滨	26.45	0.26	29（＋1）
长春	26.08	3.65	30（＋1）
兰州	25.81	－2.73	31（－2）
呼和浩特	22.50	4.42	32（＋1）
银川	20.33	2.86	33（＋1）
海口	20.04	－11.07	34（－2）
西宁	14.89	14.17	35（－）

表 3－2 是排名前十城市 2020 天府金融指数细分得分和排名情况。

表 3－2 排名前十城市 2020 天府金融指数细分得分和排名

城市	总指数		金融市场		金融机构		从业环境		人力资源		科技金融①		绿色金融		文化金融		农村金融	
	得分	排名	得分	排名	得分	排名	得分	排名	得分	排名	得分	排名	得分	排名	得分	排名	得分	排名
北京	79.15	1	89.64	1	81.95	1	64.18	3	86.20	1	79.24	1	78.53	1	85.14	1	32.48	32
上海	66.67	2	74.03	2	81.49	2	67.85	1	65.75	2	63.87	3	52.19	5	69.50	2	26.74	34
深圳	63.41	3	72.76	3	71.56	3	65.82	2	59.50	3	64.50	2	56.78	3	54.72	3	52.82	16
广州	52.18	4	60.24	4	47.91	4	62.41	4	46.59	5	50.55	4	47.36	9	48.92	4	56.22	11
杭州	49.31	5	57.06	5	43.48	5	56.53	7	44.33	8	40.12	9	53.91	4	48.36	5	59.39	10
成都	47.29	6	44.92	7	38.92	8	54.64	8	44.54	7	42.86	6	52.09	6	44.80	6	84.30	1
重庆	44.80	7	40.50	10	35.09	9	51.71	9	40.33	11			59.35	2	41.57	7	59.97	9
南京	44.61	8	51.06	6	40.95	6	58.89	5	40.81	10	41.63	8	39.68	22	36.78	9	54.73	12
天津	40.52	9	41.89	8	39.94	7	49.80	13	47.47	4	36.61	12	39.73	21	30.26	12	35.50	29
武汉	40.06	10	38.15	13	35.04	10	51.28	11	39.61	12	39.20	10	39.62	23	34.72	10	53.92	15

→ 第二节 2020 传统金融和新兴金融分指数概况

我国进入高质量发展新时代后，在新发展理念指引下，与创新驱动、绿色发展、共享发展、乡村振兴相适应的新金融业态异军突起，正在深刻地改变金融发展格局。因此，天府金融指数在设计时兼顾传统金融指标和新兴金融指标，更好地反映各城市传统金融业态和新兴金融业态的发展动态，以便决策者有针对性地制定金融发展策略。表 3－3、表 3－4 分别展示

---

① 科技金融包含军民融合上市公司个数、军民融合上市公司借款总额占总负债比重等指标。2019 年，杭州、郑州、济南、宁波、青岛、大连、昆明、太原、南宁、石家庄、兰州、呼和浩特、银川、海口和西宁无军民融合上市公司，故相关指标记为 0；沈阳市军民融合上市公司未公布借款总额占总负债比重，故相关指标记为 0。

了主要中心城市传统金融分指数和新兴金融分指数的排名情况。总体而言，北京、上海、深圳和广州在金融市场、金融机构等传统金融业态和科技金融、绿色金融等新兴金融业态方面都名列前茅，金融领域的各方面发展比较均衡。南京在传统金融业态方面有相对优势，在新兴金融领域有较大发展潜力。成都、重庆和合肥在新兴金融领域有长足进步，且仍有较大的提升空间。

表3-3　2020传统金融分指数得分和排名

城市	得分	得分变化率/%	排名
北京	80.83	3.94	1（一）
上海	72.37	4.76	2（一）
深圳	67.47	1.68	3（一）
广州	54.18	7.44	4（一）
杭州	50.28	4.13	5（一）
南京	47.75	5.77	6（+1）
成都	45.59	2.00	7（-1）
天津	44.67	4.02	8（一）
重庆	41.73	8.23	9（+1）
武汉	40.82	3.51	10（-1）
西安	39.69	4.44	11（+1）
济南	39.65	4.16	12（-1）
郑州	38.47	5.19	13（一）
长沙	37.50	6.53	14（+2）
大连	37.35	2.37	15（-1）
宁波	36.73	15.89	16（+3）
厦门	36.32	1.13	17（-2）
合肥	35.48	12.50	18（+2）
福州	35.23	7.10	19（-1）

城市	得分	得分变化率/%	排名
青岛	35.16	3.47	20（-3）
太原	32.80	4.15	21（一）
沈阳	31.98	1.67	22（一）
乌鲁木齐	31.69	6.54	23（一）
昆明	31.18	8.22	24（一）
长春	29.68	5.64	25（一）
南宁	29.60	10.55	26（+3）
南昌	29.57	8.30	27（-1）
哈尔滨	28.02	4.22	28（一）
贵阳	27.74	9.93	29（+2）
石家庄	27.20	9.36	30（+2）
兰州	25.77	-5.19	31（-4）
呼和浩特	22.91	6.76	32（+1）
海口	21.36	-17.89	33（-3）
银川	20.02	3.20	34（一）
西宁	14.82	18.99	35（一）

　　传统金融分指数由金融市场、金融机构、从业环境和人力资源四个子指数构成，反映各个中心城市的传统金融发展动态。2019-2020 年，传统金融分指数排名前十的城市没有变化，依然是北京、上海、深圳、广州、杭州、南京、成都、天津、重庆和武汉，但排序略有变动。具体而言，北京、上海、深圳、广州和杭州凭借在传统金融领域的优异表现，牢牢占据前五名。重庆传统金融分指数排名超越武汉位列第九，主要原因是重庆司法文明程度大幅提高，从业环境子指数排名提高了 7 个位次。此外，宁波、合肥、南宁和西宁后劲足，传统金融分指数得分增长率超过 10%。反之，海口金融市场发展指标表现不佳，导致传统金融分指数得分降幅最大。新兴金融分指数由科技金融、绿色金融、文化金融和农村金融四个子指数构

成，充分展现中心城市新兴金融业态的发展情况，如表 3-4 所示。

表 3-4　2019—2020 年新兴金融分指数得分和排名

城市	得分	得分变化率/%	排名
北京	77.02	−3.78	1（—）
上海	59.46	0.79	2（+1）
深圳	58.29	−3.42	3（−1）
广州	49.65	0.80	4（+1）
成都	49.44	2.05	5（+1）
重庆	48.67	−2.23	6（−2）
杭州	48.09	−0.67	7（—）
南京	40.64	6.75	8（+3）
合肥	39.97	3.37	9（+1）
长沙	39.77	7.63	10（+2）
西安	39.73	0.98	11（−2）
武汉	39.10	−6.82	12（−4）
郑州	35.63	0.45	13（—）
天津	35.28	2.25	14（—）
青岛	34.61	0.36	15（—）
济南	33.62	3.61	16（+2）
宁波	33.23	1.16	17（—）
贵阳	32.10	−3.13	18（−2）
厦门	31.91	14.87	19（+5）
大连	31.21	3.87	20（—）
石家庄	30.74	−1.01	21（−2）
昆明	30.38	1.65	22（−1）
福州	30.29	1.65	23（−1）
南昌	28.49	0.08	24（−1）
南宁	28.39	3.79	25（—）

续表 3 - 4

城市	得分	得分变化率/%	排名
沈阳	27.26	2.17	26（一）
太原	26.36	−0.53	27（一）
兰州	25.85	0.54	28（+1）
乌鲁木齐	25.60	1.79	29（+1）
哈尔滨	24.47	−4.99	30（−2）
呼和浩特	21.97	1.50	31（一）
长春	21.54	0.22	32（一）
银川	20.72	2.47	33（一）
海口	18.38	1.05	34（一）
西宁	14.98	8.72	35（一）

新兴金融分指数排名前十二位的城市略有变动。2019 年为北京、深圳、上海、重庆、广州、成都、杭州、武汉、西安、合肥、南京和长沙；2020 年南京上升至第八名，合肥上升至第九名，长沙首次进入前十名，武汉和西安则退出了前十名。其中，北京、上海和深圳实力强大，稳居前三名。2020 年，成都的新兴金融分指数排名超越重庆位列第五，原因在于成都农村金融优势进一步凸显，保持绝对领先的优势地位，同时绿色金融进步较大，缩小了与重庆的差距。重庆绿色金融和科技金融发展迅猛，推动其新兴金融分指数在 2019 年跃居第四，但是相对竞争力不足，2020 年排名降至第六。近两年，南京和长沙的新兴金融分指数排名呈现小幅波动，科技金融和绿色金融方面的优秀表现助力南京在 2020 年上升至第八名，而得益于科技金融指数大幅增长，长沙则在 2020 年首次进入新兴金融前十名。在多个分指标尤其是农村金融指标得分增加推动下，合肥排名呈上升趋势。2020 年，济南、厦门、大连和西宁发挥优势、补齐短板，新兴金融分指数得分增长明显。尤其是济南的文化金融和农村金融、厦门和大连的科技金融、西宁的绿色金融进步明显。

➡第三节 排名前十城市金融综合发展分析

如图 3-1 所示，2020 年，排名前十城市整体稳定，只有天津和武汉发生了位次调换。在第一梯队中，上海金融机构子指数得分上升较快，缩小了其总指数与北京之间的分值差距。在第二梯队中，广州的总指数分值提高，拉开了与杭州的差距。成都继续保持全国第六名的地位。在第三梯队中，天津凭借其在金融机构和人力资源方面的突出表现，超越武汉位列第九。武汉在人力资源、科技金融和绿色金融方面的表现较上年稍显逊色，位居第十。相较于上年，排名前十城市的总指数得分平均上升 2.3%，表明多数城市进一步推动了金融综合发展。

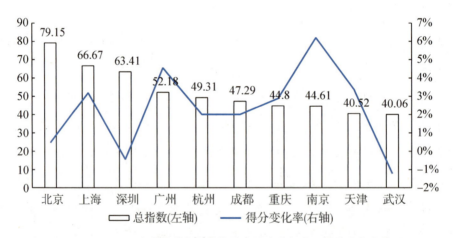

图 3-1 2020 天府金融总指数排名前十城市总得分及得分变化率情况

如图 3-2 所示，总指数排名位列前十的城市也是传统金融分指数排名前十的城市，分别是北京、上海、深圳、广州、杭州、南京、成都、天津、重庆和武汉。2020 年排名前十城市内部排序略有变动。具体而言，北京、上海、深圳、广州和杭州等城市传统金融实力强劲，依旧位列全国前五。2020 年，因从业环境子指数排名提高 7 位，重庆传统金融分指数排名超越武汉位列第九。

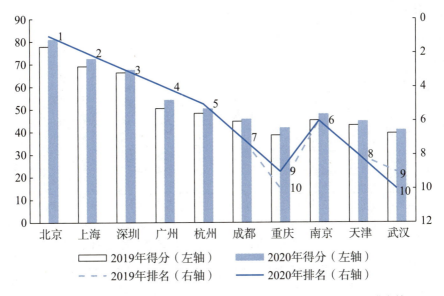

图 3-2   2020 天府金融总指数排名前十城市传统金融分指数得分及排名情况

如图 3-3 所示,总指数排名前十城市在新兴金融分指数上的排名略有变动,2019 年排名从高到低依次为北京、深圳、上海、重庆、广州、成都、杭州、武汉、南京和天津。2020 年,上海新兴金融分指数排名超过深圳上升至第二;成都因绿色金融进步较快、农村金融优势显著,新兴金融分指数上升至第五;南京因科技金融和绿色金融发展较好,其新兴金融分指数上升至第八;武汉退出前十名。

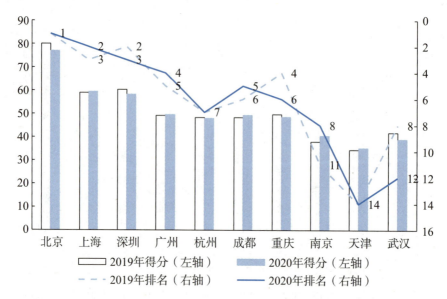

图 3-3   2020 天府金融总指数排名前十城市新兴金融分指数得分及排名情况

➡第四节   成都金融综合发展现状分析

一、成都金融分指数和子指数排名情况

从传统金融分指数来看，成都 2019-2020 年维持在第七名，2020 年传统金融分指数较 2019 年增加 0.89 分。从新兴金融分指数来看，2020 年成都的得分与排名有小幅进步，2020 年新兴金融分指数得分较 2019 年增加1.00 分，排名提高至第五位。具体如图 3-4 和图 3-5 所示。

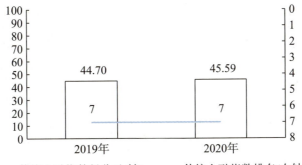

图 3-4 2019—2020 年成都传统金融分指数得分及排名情况

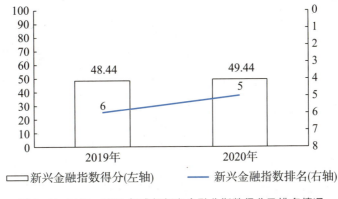

图 3-5 2019—2020 年成都新兴金融分指数得分及排名情况

从八项子指数的得分情况来看，成都在金融市场、从业环境、人力资源、绿色金融、文化金融和农村金融领域的得分较上年有所增加，其中从业环境、农村金融和绿色金融子指数分值上升幅度居前三位，分别增加4.36、2.59、2.24 分；成都金融市场、文化金融和人力资源子指数得分则分别增加 1.66、0.95、0.44 分；成都金融机构和科技金融子指数得分较上年有所下降，其中金融机构子指数减少 2.86 分、科技金融子指数减少 1.55 分。参见图 3-6。

从各子指数的排名情况来看，成都人力资源和科技金融子指数较上年的排名均上升两位；金融机构和绿色金融子指数较上年排名有所下降，其中金融机构子指数下降三位、绿色金融子指数下降一位；金融市场、从业环境、文化金融与农村金融子指数的排名保持不变。参见图3-7。

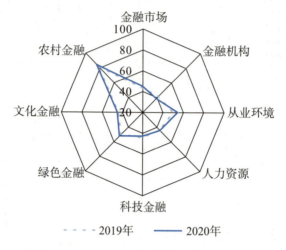

图3-6 2019—2020年成都各子指数得分情况

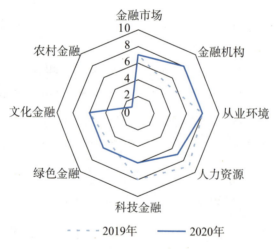

图3-7 2019—2020年成都金融各子指数排名情况

二、成都金融分指数和子指数排名变动的原因

成都传统金融分指数排名不变，主要源于成都人力资源子指数排名取得进步，而金融机构子指数排名小幅下滑。成都新兴金融分指数进步一位，

主要得益于成都科技金融子指数排名上升，同时保持在农村金融领域的绝对优势。

在金融机构子指数中，成都排名下滑的原因主要是保险业的表现较差。在成都的四家本地法人保险机构中，和谐健康保险公司 2019 年 7 月 4 日发布公告称，安邦集团和安邦财险拟出清所持有的全部股份，面临重大的股权变更；中航安盟财产保险股份有限公司则因 2019 年存在编制或者提供虚假的报告、报表、文件和资料的违法违规行为而接受银保监会处罚。

在人力资源子指数中，成都在"大专以上人口占总人口比重"和"博士毕业人员数量"指标上的突出表现直接推升了排名从第九名上升至第七名。其中，受益于《成都市教育事业发展"十三五"规划》，成都"大专以上人口占总人口比重"较上一期增长了 22％。

在科技金融子指数中，成都的排名从第八名上升到第六名，主要源于成都在"军民融合上市公司借款总额占负债比"指标上的排名提高。具体而言，四川海特高新技术股份有限公司的借款总额占总负债比重维持较高水平，以及成都天奥电子股份有限公司、中国航发航空科技股份有限公司和成都盟升电子技术股份有限公司的借款总额占总负债的比重有所增加，这表明成都军民融合企业的贷款能力进一步增强。

在绿色金融子指数中，成都的排名从第五名下滑至第六名，主要原因有两方面：首先，其他城市污水处理厂集中处理率有所提升，导致成都该指标的排名较 2018 年下降；其次，2019 年杭州绿色债券发行额大幅增加，较 2018 年增加了 4.5 倍左右，其绿色金融排名从上年的第六名上升至第四名。

三、成都金融发展亮点

成都新兴金融分指数进步一位，是其金融发展亮点，其中农村金融子指数连续四年位列全国第一，科技金融子指数的排名比上年进步两位。此外，在传统金融领域，成都人力资源子指数的排名也比上期进步两位。具体而言：

1. "线上＋线下"相结合的农村金融服务体系不断完善

"农贷通"平台日益完善，强化了"线上＋线下""网站＋村站"的功能体系建设，实现了线上贴息和风险补偿申报审核功能。在全国率先探索农村产权抵（质）押融资，率先利用农村土地承包经营权和集体建设用地使用权等农村产权直接抵（质）押融资。制定并出台了多项现代产业园区和高标准农田规划与激励政策，系统性、创新性地推进了农业园区和高标准农田建设的发展。

2. 加大政策支持力度，建设人才聚集高地

成都推动出台了多项人才吸引和培育政策，推动了金融人才、科技人才和乡村振兴人才在蓉聚集。例如，给予高端人才和紧缺人才补贴免税政策，比照粤港澳大湾区给予个人所得税优惠政策，对市级以上政府专项奖金获得者免征个人所得税；健全人才配套设施，支持建设人才公寓；构建"1＋X"金融政策体系，推动出台金融人才专项政策，加大政策支持力度。

3. 政府与市场有机结合，推动科技金融升级发展

成都市政府建设了多个科技金融平台，撬动社会资本。例如，启动国内首个新经济基金加速器——天府新经济基金加速器，实现将高成长性创新项目全生命周期与资本市场有机结合；创立成都交子科技金融协会，逐步汇集四川乃至西南科技的新生力量；开发"五创"科技金融服务产品，设立成都知识产权交易中心。其中，以"科创贷"为代表的科技金融工作受到国务院通报表扬。

四、成都金融发展的主要短板

成都传统金融分指数排名维持第七，低于其新兴金融分指数排名，未来仍有较大发展空间。具体而言，成都在金融市场、金融机构和从业环境

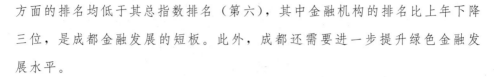

方面的排名均低于其总指数排名（第六），其中金融机构的排名比上年下降三位，是成都金融发展的短板。此外，成都还需要进一步提升绿色金融发展水平。

一、货币市场潜力未充分发挥

金融市场包含信贷市场、债券市场、股票市场、货币市场、保险市场和其他市场。成都货币市场排名相对落后且呈下滑趋势，其余市场相对稳定。相比于东部城市，成都货币市场的容量和规模较小，尚未形成较强的辐射和凝聚力。具体而言，成都辖内银行办理跨境人民币结算金额较小，不利于企业规避汇率风险和提高贸易效率；银行承兑汇票承兑累计发生额同样偏小，无法充分发挥票据市场促进商品流通和加速社会资金周转的功能。

二、基础金融机构竞争力较弱

成都金融机构子指数排名出现下滑，主要是保险机构问题突出：和谐健康保险公司面临重大股权变更；中航安盟财产保险股份有限公司接受银保监会处罚，使得仅有的四家本地法人保险机构更难发挥其金融机构的职能。除此之外，与北京、上海、深圳等一线城市相比，成都在本地法人银行资产总和、本地法人券商以及本地法人保险机构表现上尚存在一定差距。但成都在本地银行和本地券商实现的净资产回报率（ROE）上具有一定优势。

三、生态环境和商业信用环境存在短板

从业环境包括基础设施、城市环境、制度环境和经济环境四大板块。其中，成都在城市环境和制度环境指标上的排名分别为第 17 名、第 13 名，相对落后于成都从业环境总指数第 8 的排名。成都城市环境建设短板主要体现在生态环境方面，环境空气质量相对较差，在全国处于较低水平，突发环境事件较多，因此需要加强对境内长江流域地区的生态环境保护，打造长江上游生态屏障，建设良好的人居环境。成都市制度环境短板主要体现在城市商业环境方面，2019 年城市商业环境信用指数排名相对下降，尤其是企业信用管理子指标下降幅度较大，信用投放子指标排名低，因此需要更加重视城市商业环境信用体系建设。

四、绿色金融有进一步发展空间

在绿色金融方面，成都的排名从第五名下滑至第六名，主要原因是其他城市污水处理厂集中处理率有所提升，成都该指标的排名较 2018 年下降；其次，其他城市绿色金融发展开始得到重视，如杭州 2019 年绿色债券发行额大幅增加，较 2018 年增加了 4.5 倍左右，排名从上年的第六名上升至第四名。目前广州开始支持港澳金融机构参与绿色金融改革试验区建设，依托广州市绿色金融改革创新试验区，建设粤港澳大湾区绿色金融合作平台。成都可进一步加大对绿色金融的政策支持力度，以市场化原则引导激励更多社会资本投入绿色产业，鼓励金融机构提供更多绿色金融产品和服务。

➡ 第五节　本章小结

综上所述，2020 天府金融指数评价体系中，各中心城市的总指数得分较为稳定。排名前十城市中只有天津和武汉发生了位次调换，排名前十城市的总指数得分平均增速为 2.3％。35 个中心城市总指数得分的平均增速为 3.4％，这表明排名前十以外的其他中心城市高度重视金融发展，取得了更快的发展。总体而言，北京、上海、深圳和广州在金融市场、金融机构等传统金融业态和科技金融、绿色金融等新兴金融业态上都名列前茅，各方面均衡发展。南京在传统金融业态上有相对优势，成都、重庆和合肥在新兴金融领域的表现可圈可点。此外，宁波、合肥、南宁和西宁后发力量强劲，传统金融分指数得分增长率超过 10％。济南、厦门、大连和西宁发挥优势、补齐短板，新兴金融分指数得分进步明显。

第四章

金融发展先进经验借鉴

在本期天府金融指数中，总指数排名与各子指数排名有不同的城市分布，在不同金融发展子领域中分别有城市展现出各自的独特优势和发展亮点。排名前五的北京、上海、深圳、广州、杭州在各个方面表现相对均衡，其中北京、上海尤为突出，在各领域均排名全国前列。部分城市虽然在总体排名上并不突出，但在某些金融发展方面表现亮眼，比如成都在农村金融方面连续多年位居全国首位。此外，在不同子指数中都存在相较于上期进步速度快、排名上升幅度大的城市，如青岛在金融市场方面进步 4 名，武汉在金融机构方面进步 6 名。因此，本部分选择在金融发展各子指数排名前列和进步较大的城市加以分析，总结其发展经验以供借鉴。

➡ 第一节　金融市场发展经验

一、上海

上海致力于建设国际金融中心，在货币市场、资本市场、外汇市场以及其他各金融细分市场的建设上均取得了良好成效，因此，上海金融市场方面的建设经验对完善并推动金融市场发展具有借鉴意义。经过分析总结，我们认为上海金融市场建设方面的经验主要包括：抓住机遇探索制度创新，完善金融市场；科技与金融深层次融合，建设新兴金融市场；扩大对外开放，推动金融市场国际化。

1. 抓住机遇探索制度创新，完善金融市场

增设自贸试验区新片区，推动上海证券交易所设立科创板并试点注册制，全力实施长三角一体化发展国家战略是上海的"三大任务"。在深入推进国家战略的基础之上，上海致力于探索金融创新，利用已有资源完善金融市场，提高金融服务水平。科创板在上海证券交易所的推出推动了资本市场的完善和发展，对围绕科创板的金融生态培育带来了巨大影响，也推动了金融机构转变思路，思考全新的资本市场发展路径，发现新型优质公

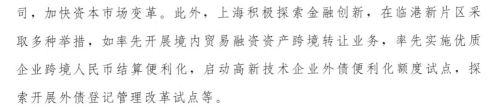

司，加快资本市场变革。此外，上海积极探索金融创新，在临港新片区采取多种举措，如率先开展境内贸易融资资产跨境转让业务，率先实施优质企业跨境人民币结算便利化，启动高新技术企业外债便利化额度试点，探索开展外债登记管理改革试点等。

2. 科技与金融深层次融合，建设新兴金融市场

上海顺应金融科技快速发展的大趋势，加快科技与金融的融合，上线大数据普惠金融应用，积极鼓励金融服务运用人工智能、区块链、云计算等技术，提升金融服务实体经济、服务投资者和管理风险的能力。众多银行机构正在思考和实践数字化转型，发展银行业金融新形态，一定程度上推动了上海新型数字金融的建设。此外，上海正与浙江共同探索建设数字金融高地。

3. 扩大对外开放，推动金融市场国际化

上海努力实现境内境外市场的联通，接连推出多种开放机制，促进金融市场的进一步开放与发展，如"沪港通""债券通""沪伦通"等机制的推出，增强了各金融市场之间的互联互通，也激发了金融市场的活力。同时，上海开放黄金国际板、国债期货等板块，探索跨境人民币交易和结算、跨境ETF（交易型开放式指数基金）等业务，开拓本地金融市场，推动金融市场国际化。

二、青岛

在金融市场子指数方面，青岛市比上一期排名进步了4名，为金融市场子指数进步最快的城市之一。经过分析总结，我们认为青岛金融市场的快速进步主要有以下原因：紧抓机遇推进企业上市，增强金融市场活跃度；改革功能区体制机制，增强金融市场吸引力。

1. 紧抓机遇推进企业上市，增强金融市场活跃度

2019年，青岛积极抓住国家加大资本市场改革创新力度的机遇，以资

本力量助力经济转型升级，资本市场建设取得了不错的成绩：青岛企业在境内主板、中小板、科创板、创业板、精选层以及境外市场 IPO 均有斩获，达到历史最好水平。拟上市企业数量、新增辅导、报证监会及交易所企业数量均创新高。2019 年新增上市公司数量在全国列第 6 位，在副省级城市中列第 3 位，仅次于杭州和深圳。全市境内外上市企业数量达到 51 家，市值超过 6 500 亿元人民币。全市主板上市企业数量达到 39 家，位居长江以北城市第三位，仅次于北京、天津。

青岛市采取"上市一批、申报一批、培育一批、储备一批"的梯次格局，并且仍然在不断升级优化。在我国资本市场深化改革，推出"科创板审核 2.0"之际，青岛市抢抓机遇，新三板精选层刚正式设立时，便有一家青岛企业在首批企业中亮相并挂牌交易。同时，抓住创业板注册制改革机遇，进入首批注册制试水企业，加快了青岛资本市场改革步伐。

2. 改革功能区体制机制，增强金融市场吸引力

青岛金家岭金融聚集区的改革创新，是青岛金融发展的重要推动力之一。这一聚集区抓牢抓实金融这一区域内的优势产业，深度融入城市发展大势。聚集区专注体制机制改革，包括职能定位、运行模式、激励模式等，焕发全新面貌。金融功能区的体制机制改革对青岛金融市场的发展意义重大，现代化、年轻化的聚集区能有效地吸引资金进入，活跃金融市场，增强了金融市场吸引优质资源的能力。

➡ 第二节　金融机构发展经验

一、北京

北京在本期金融机构子指数中排名第一，以下主要从金融生态、金融布局以及对外开放三个方面总结北京金融机构领域的发展经验。

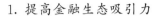

1. 提高金融生态吸引力

在金融机构子指数中，北京以 81.95 分的高分位居第一，其金融机构的数量、金融机构资产总额等指标均在全国名列前茅，北京市的百强资产评估机构数量以及 30 强会计师事务所数量为全国各城市最高值，足以显示北京强大的金融机构吸引力和优质金融机构聚集度。北京金融机构子指数居于首位离不开首都城市带来的资源聚集效应，中央管理的金融企业 94％注册地在北京，北京的金融机构规模不断扩大，金融生态吸引力不断提高，亚投行、丝路基金等都设在北京。

2. 优化首都金融布局

北京重视优化首都金融布局，根据自身金融发展目标，结合不同地区的地理位置，在最为恰当的地段建立优质的产业园区，打造适合创新型金融机构、科技企业以及其他高端机构的发展区域。金融机构与金融科技公司建立了密切关系，大型金融机构与重点科技公司合作发展，建设银行、中国银行以及工商银行等分别与阿里巴巴、腾讯、京东等公司合作，在云计算、大数据、区块链和人工智能等方面开展深度合作，共同探索商业银行与科技企业的协同发展新模式。

3. 扩大对外开放

北京的金融环境对外资金融机构的吸引力不断增强，已经有十余家国际重要金融机构落户北京，这是北京持续优化营商环境和扩大对外开放的结果。在吸引外资进入的过程中，北京在放宽外资金融机构市场准入、拓宽外资机构业务范围、探索资本项目对外开放、扩大金融市场对外开放等方面提出细致的举措，改善了金融机构的营商环境。

二、武汉

武汉的金融机构子指数排名进步增速最快，较上期前进了 6 名，在众多中心城市中成绩显眼。其在金融机构方面的快速进步对各城市完善金融体系布局、建设金融机构具有借鉴意义。

截至 2019 年末，武汉共有各类金融机构 461 个，其中银行金融机构 25 个，保险机构 109 个，证券机构 112 个，其他金融单位 71 个，私募基金及基金管理公司 35 个，融资性担保公司 91 个，小额贷款公司 18 个，已经基本形成银行、证券、保险、期货、信托、租赁、基金等各业并举，中外机构并存，较为多元化的金融服务体系。在金融机构本外币存款余额方面，武汉比上年末增长 24.8%，增幅高于全国平均值 5 个百分点。金融机构组织体系和存贷规模迅速扩大。武汉的这些亮眼增速离不开武汉对金融机构和金融体系建设的高度重视。

一方面，武汉结合金融科技，助推金融业创新发展。如在保险行业，武汉于 2018 年开始酝酿并积极开展申报创建东湖科技保险创新示范区工作，组建研究团队、实地调研、构建方案和计划等，于 2019 年通过省人民政府将方案报送至银保监会审批。各级领导高度重视，支持保险业的创新发展，科技与保险业相结合，促进保险业机构的快速发展。

另一方面，武汉积极投入建设"汉融通"平台，该平台旨在缓解中小微企业融资难、融资贵的问题，依托于市政务服务和大数据管理部门的数据共享交换平台，为企业融资活动提供公共服务。"汉融通"平台的建设深化了银企对接，也为金融机构的发展提供了助力。

➡ 第三节 从业环境发展经验

一、上海

上海市在本期天府金融指数总指数中排名中第二，在从业环境方面排名第一。作为具有重要国际影响力的全球金融中心，上海市从业环境领域的发展经验能够对其他城市优化从业环境提供丰富的借鉴。上海的从业环境发展经验主要包括政策优惠不断推出、加大改革与规范力度、建设政策研究平台等。

1. 政策优惠不断推出

为缓解小微企业融资难、融资贵问题，上海各部门针对小微企业展开大量调研工作，深入众多小微企业，找出症结所在，近年来优惠政策不断推出，尝试为小微企业的融资问题提供解决方案。浦东已经形成了"一体两翼"小微企业政策性融资担保机制，该机制以市、区两级财政共同出资的市政策性融资担保基金为核心，以合作银行及商业担保机构为业务主体。上海市落实好国家减税降费政策，运用好政府采购，发挥好政府采购政策导向作用，实现了"精准滴灌"。

2. 加大改革与规范力度

上海致力于建设与国际接轨的优质金融营商环境，加大体制机制改革力度，加快推进金融法治建设，加快建成与国际接轨的金融规则体系。按照习近平总书记关于上海等特大城市要率先加大营商环境改革力度的重要指示，上海先后制定实施优化营商环境1.0版和2.0版改革方案，取得了明显成效。为规范上海的从业环境评价体系，上海发布《关于加强在沪从业环境影响评价机构监督管理的若干规定》，规范环境评价机构行为，在环评从业人员、环评质量管理、监督管理等方面提出要求，严格依法开展环评业务。在人才政策方面，上海完善各类金融人才政策，加快建设国际化金融人才集聚高地。此外，上海还对照世界银行每年发布的《营商环境报告》，采取有力的针对性措施，进一步优化营商环境。

3. 建设政策研究平台

2020年10月，上海营商环境研究中心（智库）在上海立信会计金融学院揭牌成立。该研究中心聘任国内外相关领域具有影响力的专家学者，聚焦营商环境体制机制创新研究、营商环境国际比较研究、营商环境市场化研究、营商环境量化研究和营商环境法治保障研究五大领域。该研究中心的主要研究成果展现形式包括政府决策咨询报告、营商环境高端论坛、定期发布和出版"上海优化营商环境"白皮书系列、建设专业化数据库、资料库和网站等,为政府部门优化营商环境提供分析基础和政策建议。

二、深圳

深圳的从业环境建设是国内城市中的佼佼者,在本期天府金融指数从业环境子指数中名列第二,仅次于上海。作为国际一流营商环境改革创新试验区,深圳市优化政务服务、提供有力的法制保障、牢牢把握市场化方向,其优秀经验值得借鉴。

1. 优化政务服务

政府审批流程和办事效率一直是企业发展的"痛点"和"堵点",针对这一问题,深圳致力于优化政务服务流程,提高企业办事效率,节约企业成本,改善营商环境。深圳市行政服务大厅提出首席代表服务团、"一对一"全链条精准服务、代办制、容缺审查、流程"减法"、秒审秒批、个性化试点、"亲清政企"群等措施,提高审批效率。深圳在助力企业发展、全面优化营商环境上不断推出创新举措,通过"金融+政务"的新模式,实现主动、精准、整体式、智能化的政府管理和服务。

2. 提供有力的法制保障

深圳全面提升法制保障水平,提高公平公正性。深圳发布的《关于加大营商环境改革力度的若干措施》从实施最严格知识产权保护、打造知识产权强国建设高地、建立更加规范的涉企执法制度三个方面,提出了19个政策点,建立健全知识产权保护机制,优化公平公正的法治环境;针对知识产权的违法违规行为,将实施惩罚性赔偿制度,从严从快处理此类违规行为,维护公正的法律环境。

3. 牢牢把握市场化方向

深圳在改革发展中始终坚持市场化方向,在解决担保和股权质押等方面产生的问题、制定管理制度和设定考核标准时,均遵循市场逻辑。在企业选择项目时，遵循市场化、法制化、国际化原则，在制定执行标准、考核指标等环节，都通过市场化机制来决定。政府设立天使投资引导基金，利用市场化手段和社会投资管理机构共同设立各领域的细分子基金，委托专业投资机构对项目进行遴选和管理，对初创期和种子期企业提供融资支持。

→ 第四节　人力资源发展经验

一、上海

上海市在本期天府金融指数人力资源子指数中排名第二，在吸引人才、留住人才方面，上海市的成绩令全国瞩目，其对人才的大力吸引和关于人才相关体系的建设也值得借鉴和学习。

1. 优化人才发展环境

上海市提出建设产教融合型城市方案，重视城市的人才发展。根据《上海金融领域"十三五"人才发展规划》，上海实施金融人才队伍建设重大计划，包括上海金才开发计划、紧缺人才培训计划、金融支持科技创新专才计划、金融人才大数据开发计划、金融人才评价标准体系建设计划等，在金融科技创新等领域为金融人才的发展创造空间和机会。上海具有发达的金融体系和富有活力的金融生态，以上举措进一步提高了上海对全国各地金融人才的吸引力。

2. 健全人才服务体系

上海建立健全金融人才服务体系，为人才在本地的发展提供全方位的服务，以优质的配套服务体系提升当地的人才留存度。上海金融人才服务体系解决了优秀人才在学习、生活上的各类难题，提高了优秀金融人才在当地的生活幸福度，满足了优秀人才在当地长期发展的各方面需求。对海外高层次人才，上海在出入境、通关、居留、子女就读等方面为其提供便利,解决海外优秀人才在沪生活难题。2020 年人才引进落户公示名单有 665 人,其中 152 人来自投资、证券、基金、保险等金融机构,可见上海市对金融人才的强大吸引力。

二、宁波

在本期天府金融指数排名中,宁波在人力资源方面的排名较上期进步 8 名,为全国 35 个中心城市中上升速度最快的城市,其在此领域快速发展的经验值得借鉴。宁波在人力资源领域的发展措施主要集中在聚集人才和加大补贴力度两个方面。

1. 加快聚集优秀顶尖人才

宁波对顶尖人才以及优秀精英人才的引进力度很大,不断推出《高层次人才和高端创业创新团队引进计划》《引进高新精英计划》《加快集聚顶尖人才实施办法》等计划和办法,加大当地聚集优秀人才和顶尖人才力度,以富有吸引力的措施增加优秀人才在当地长期发展的可能性。优秀和顶尖人才的大力引进能够推动宁波各方面的进一步发展,与其他更发达地区缩小差距,与前沿接轨。

2. 加大补助补贴政策力度

针对高层次人才,宁波提供安家补助和购房补贴,同时,对高层次人才中的不同方面人才,如顶尖人才、特优人才、领军人才等,按照不同的标准发放补助和补贴;针对基础人才,提供首次购房补贴,减轻人才在当地的购房压力;针对新引进应届本科生和硕士研究生,提供生活安居补助,使应届生能够较快适应生活环境;针对青年精英人才,提供人才奖励;针对青年留学归国人才,提供就业补助。同时,针对企业,发放企业引才补助,对企业提供引才奖励。

→ 第五节 科技金融发展经验

一、北京

北京市在本期天府金融指数科技金融子指数中排名第一，领先于其他城市。根据北京市的城市整体规划，北京市一切工作坚持全国政治中心、文化中心、国际交往中心、科技创新中心的城市战略定位。在这一战略定位的指导下，北京大力发展科技金融，以金融推动城市科技创新。北京在科技金融方面的主要经验包括创新科技金融产品及服务，为科技企业提供便利；细化科技金融布局，推动多元化资金配置，突出服务针对性，满足科技创新企业培育和发展所需的持续资金投入需要。

1. 创新科技企业融资产品和服务

对于各类创新型高新企业而言，相较于各类风险股权投资，银行信贷的支持力度更大，可获得性较高。因此在北京，银行信贷作为高新企业间接融资的重要方式，致力于为高新科技企业融资提供便利，不断创新科技企业的相关融资政策，提升中小科技企业的信贷可获得率。浦发银行北京分行推出"科技快速贷"特色产品，通过高度标准化的准入门槛设置和便捷的流程设计，极大地提升了科技型企业融资的申请成功率和办理效率；北京银行业成立了科技金融创新中心，助推科技金融发展。在银行大力推进科技金融创新的同时，北京各金融服务与监管部门也加大了对科技金融服务的护航力度，组织科技金融主题系列培训会，积极推动北京银行业提升科技服务水平。此外，北京中关村作为科技创新的宝地，民营银行破土而出，进一步刺激了传统银行在科技金融领域的投入和创新。

2. 细化科技金融规划布局

北京强化科技金融功能和空间布局，充分发挥金融服务全国科技创新中心的作用。政府和相关部门大力推动中关村国家科技金融创新中心建设，明确核心支持领域，整合有限资源聚焦于关键方面，突出服务针对性。中关村示范区设立科技金融支持资金，用于支持金融科技引领发展，通过房租补贴、支持金融科技底层关键技术创新、支持金融科技基础设施建设、推动金融科技前沿技术示范应用、支持企业获得金融业务资格等方式，优化金融科技服务体系；完善产融结合的金融支撑体系，转型升级创造良好的融资环境；支持企业开展科技信贷、债券、商票等融资，完善多方合作的市场化风险分担机制，降低企业综合融资成本。此外，北京金融科技促进会为进一步推动北京地区高新技术企业开展科技成果转化工作，缓解企业融资难问题，成立了科创板专业委员会，为企业提供财务、法务、上市等相关需求的免费咨询，且对企业进行走访调查，精准把握高新技术企业的金融需求，培育优质科技企业登陆科创板。

二、成都

本期成都科技金融子指数排名进步 2 名（由第 8 名升至第 6 名），主要通过以下三个方面的努力：打造全国首个新经济基金加速器集群——天府基金加速器，提供投融资对接服务；加强科技金融服务产品开发和创新，从而满足不同类型、不同阶段科技企业的融资需求；成立成都交子科技金融协会，提升成都作为科技金融城市的影响力。

1. 打造全国首个新经济基金加速器集群

依托省内最大基金产业聚集地——天府国际基金小镇，成都打造了国内首个新经济基金加速器——天府基金加速器，主要面向基金类、技术类和头部企业类机构，提供"线上加速器＋科技金融综合服务平台＋线下硬件"服务。该项目于 2019 年 4 月开始推行，前期重点推进天府深蓉基金加速器、天府科技金融加速器、硅谷天府加速器、天府军民加速器、教育文创加速器等五大加速器的建设，催生天府基金加速器统筹管理下的加速器集群，发挥基金加速器的资本撬动效应，推动科技金融等新经济产业升级发展。

2. 加强科技金融服务产品开发和创新

成都设立了成都知识产权交易中心，是全国领先的基于区块链技术的知识产权融资服务平台，推动各类知识产权交易融资和转移转化。支持银行设立特色专营机构及分支机构，聚焦产业特点提供定制化服务。银行、担保、保险等机构面向创业企业开发创新金融产品，从而满足不同类型、不同阶段科技企业融资需求，开发了"科创投""科创贷""科创保""科创券""科创贴""五创"科技金融服务产品，其中以"科创贷"为代表的科技金融工作受到国务院通报表扬。

3. 成立成都交子科技金融协会

成都成立了成都交子科技金融协会，自2019年1月正式运营以来，共吸纳会员机构40家，其中大多数为金融科技机构，逐步汇集了四川乃至西南科技金融的新生力量。协会通过精品专场教育课、主办或承办大型金融科技峰会、链接域外合作、助力政府招商引资、促进产业联盟等多种多样的形式开展活动，打响了协会品牌，提升了科技金融行业和成都科技金融城市的影响力，已经成为行业和地区的一张新名片。

➡第六节 绿色金融发展经验

一、重庆

重庆在绿色金融领域连续两年排名第二，仅次于北京，说明其在绿色金融方面采取了长期有效的措施，可为各中心城市绿色金融的发展提供借鉴经验。经过对重庆绿色金融发展的分析，我们认为其发展经验有金融创新与绿色金融产品服务两个方面。

1. 金融创新推动绿色金融发展

2017年底，重庆发布了绿色金融发展行动计划，提出2020年建成绿色金融发展体系的目标。在探索过程中，重庆建设了两江新区、万州区两个绿色金融示范区，并正在积极推动建设"长江经济带（重庆）绿色金融改革创新试验区"，同时将金融科技与绿色金融深度结合。在绿色金融基础设施方面，自主研发"长江绿融通"绿色金融大数据综合服务系统，构建区、县两级绿色项目库。重庆将金融科技与金融创新融入绿色金融，充分应用人工智能、大数据、区块链等前沿技术，加强金融科技在绿色金融领域的工具和产品创新应用，推动金融机构进行绿色金融业务创新，创建多层次、多元化的绿色金融创新服务体系，培育绿色金融发展新业态。

2. 提高绿色金融产品服务丰富度

重庆引导多方金融资源进入绿色金融领域。2019 年 6 月，两江新区绿色金融示范区成立了重庆银行业首家绿色支行——兴业银行两江绿色支行，大力支持企业发行绿色债券和重大绿色项目融资。此外，绿色金融产品不断发展，绿色信贷快速增长，并于 2019 年 4 月在银行间市场成功发行重庆市首单绿色债务融资工具，发行规模 1.8 亿元。重庆先后设立碳排放权交易中心、排污权交易中心以及林权交易中心，环境权益交易市场日趋成型，顺利上线测试绿色金融大数据系统，并正在积极推进气候投融资试点，绿色金融体系日益完善。

二、杭州

杭州在本期绿色金融子指数中排名第四，较上期排名进步 2 名，并且在绿色金融领域发展较早，具有丰富的发展经验，可借鉴性较强。

1. 金融机构支持绿色金融

浙江省是全国较早推行绿色金融改革创新的省份，也是全国第一个向国务院申报绿色金融改革创新试验区的省份。在绿色信贷、绿色保险、绿色债券等绿色金融的子领域，浙江省均高度关注，并采取有效政策和措施，改善绿色金融运作模式和方法，推动绿色金融在省内的快速发展。杭州绿色金融的快速发展，离不开全省绿色金融蓬勃发展的氛围。同时，杭州的金融机构全力支持绿色金融发展，银行、证券、私募基金等均积极与各级政府合作，设立绿色发展专项基金。诸多银行机构，如华夏银行杭州分行、杭州银行等，也加大了对绿色产业、生态项目的支持力度，助力企业的绿色转型发展。此外，金融机构也参与建立绿色金融发展战略规划，设立针对绿色金融的专门团队或部门，积极推动绿色金融产品创新，围绕绿色金融市场献策献力。

2. 建立绿色金融区域合作机制

杭州积极融入长三角绿色生态一体化发展，建立绿色金融的区域合作机制。杭州积极探索发展金融科技与绿色金融的结合，以金融科技的发展推动城市绿色金融的进步，在信息和数据方面为绿色金融建设提供便利，并对绿色金融的发展进程进行密切追踪；致力于推进绿色金融信息管理系统的建设，为实现长三角绿色金融数据互享互通和信息共享搭建平台。

➡第七节 文化金融发展经验

一、广州

广州作为本期天府金融总指数排名第四的城市，其在文化金融方面的发展也引人注目，文化金融子指数排名第四，处于全国前列。近年来，广州市采取了若干措施推动文化金融建设，文化金融方面得到了快速发展。

1. 推动文化金融创新

广州致力于推动文化与金融的高效融合发展，推出多种金融工具，包括设立文化特色银行、文化基金、文化产业投融资联盟等，并且大力发展文化小贷、文化融资担保等，推动文化和金融的融合。在文化特色银行的建设中，广州积极与各大银行合作，推出文化金融方面的创新产品，包括"文化通宝""数据网贷""兴影贷""文化旅游贷"等文化信贷产品。在文化小贷方面，基于大数据和互联网，向部分文化企业提供小额贷款，以金融支持文化企业的健康发展。

2. 加强文化金融区域合作交流

广州的文化金融建设并不拘泥于自身的闭门造车，其联合北京市、南京市、山东省等全国各地近20家文化金融中心及省市文投，共同发起设立全国文化金融中心联盟，联动全国各地的文化金融建设，开展跨区域的文化金融合作与交流。此外，全国文化金融中心联盟注重文化金融的海外发展，与泰国、尼泊尔、马来西亚等国家发起设立"一带一路"文化金融合作联盟，定期开展文化金融交流活动。

3. 搭建文化金融服务平台

为了支持文化企业的发展，解决其融资难融资贵问题，广州搭建投融资对接平台，定期推出常态化路演，将广州市的优秀文化企业推荐给全国的投资机构，使投融资双方可以在该平台上实现信息共享、即时交流沟通，提高了优秀文化企业获得融资和快速发展的可能性，同时也提高了文化融资的效率。

二、昆明

昆明的主要产业包括旅游产业和文化产业，其文化与金融的结合在城市发展过程中十分重要。在本期天府金融指数中，昆明的文化金融子指数排名较上一期进步4名，为进步速度最快的城市之一，因此有必要对其发展经验进行研究总结。

1. 搭建文化与金融对接平台

昆明将文化产业与金融资本对接，将金融资本引导进入文化产业。昆明搭建平台使文化产业与金融资本互相接触互相了解，增加文化产业接触金融的机会。建立对应的文化产业基金项目路演，从各优质文化企业中征集优质的文化产业项目，由金融专家对其进行实地考察，最终将精选出的优质文化企业项目采纳进入"拟投资项目库"中。通过平台的帮助，文化企业了解了金融运作，拓宽了融资渠道，同时也使金融资本近距离地接触到文化产业。

2. 多举措助力文化产业发展

昆明加强文化产业专项资金管理，提高资金使用效益，印发了《昆明市文化产业专项资金管理办法》，对文化产业发展进行扶持和补助，并且通过专项资金引导文化产业发展方向。昆明加强银企合作，共同助力昆明文化产业发展。如云南文化产业开发有限责任公司与建设银行签约，借助金融惠民、利民的特点，将文化需求与智慧金融生态圈相融合，满足人民的文化需求，同时传递云南文化，普惠金融能量，达到文化与金融产业互惠互利、优势互补的效果。

➡ 第八节　农村金融发展经验

一、成都

成都在本期天府金融指数中的农村金融子指数排名第一，并且在此前各期都保持该子指数的第一名，可见成都在农村金融领域具有独特的发展方法和优势，能够对其他城市的农村金融建设与发展提供丰富的经验和启示。

1. 创新建设农村金融服务平台

成都采用"线上＋线下"的农村金融服务模式，建设"农贷通"服务平台，为农村金融服务提供便利。"农贷通"依托"网站＋村站"的服务体系，实现财政金融政策精准直达、信用信息汇集服务、资金供需高效对接三大主要功能。"农贷通"积极开展农村金融服务数字化转型探索，不仅实现了农业经营主体与金融机构信息精准对接，更通过风险分担、财政奖补和货币政策工作联动，解决了金融机构农贷不敢放、不愿放的担忧，切实降低农业经营主体融资成本，同时通过政府支持托底、机构合作共建模式，建设"信得过、稳得起、管得好"的村站专职联络员队伍，打通了农村金融服务"最后一公里"。这一平台的建设推动了农村隐性资源变显性资本，为农民提供了更多更优质的农村金融综合服务。

2. 探索农村金融发展新机制

成都在农村金融发展方面采取新举措，探索新机制，在全国率先探索农村产权抵（质）押融资，率先利用农村土地承包经营权和集体建设用地使用权等农村产权直接抵押融资，为农村地区的融资提供便利，缓解了农村发展不足、信息不对称、抵（质）押物缺乏等原因导致的贷款难问题。支持成都农村产权交易所发展，累计交易各类农村产权 2.04 万宗，面积 274.63 万亩（1 亩≈666.67 平方米），成交金额 1 127.71 亿元，已发展成为全国交易规模领先、交易品种多样、交易体系完善的专业性农村产权交易平台。成都开办政策性农业保险 27 种，2015－2019 年共实现保费收入 28.15 亿元，为农业生产提供 2 876.70 亿元风险保障，成为中西部地区农业保险品种最多、覆盖面最广、保障水平最高的城市，其中农村土地流转履约保证保险、生猪绝对价格保险、经营主体用工意外伤害保险、猕猴桃价格指数保险等多项保险品种为全国首创。此外，成都还在金融方面制定出台了多项支持现代产业园区建设和重要农产品生产保供激励政策，系统性、创新性地推进农业园区、高标准农田建设和农业强基发展。

二、石家庄

石家庄虽然在天府金融指数总指数排名中并不靠前，但其农村金融子指标农村金融基础却超过成都而排名全国首位，因此，石家庄的农村金融发展具有一定的研究和借鉴价值。石家庄对农村基础建设十分重视，充分利用金融机构广泛的基层网点资源，通过金融机构推进金融深入乡村，推动农村金融发展。

1. 金融机构提供多方位助农服务

金融机构在助农方面发力十足，设立助农取款点，提高农村金融服务便利性，为农村客户提供取款、转账、增值业务代缴费等基础金融服务，让村民足不出户就可取款，改善了农村金融服务环境，解决了农村取款、缴费、查询不便等方面问题。此外，金融机构针对农村小微商户需求，为方便农村小微商户线上便捷收付款、安全支付以及便捷理财，创新金融产品，重点为贫困地区农业产业网络化营销提供优质的金融支持，通过互联网推进农村电子商务服务体系发展，让农村地区小微商户享受到现代金融服务的便利性。

2. 打造农村金融体系，促进农村消费

石家庄推动金融机构创新，依托优势和特色，不断改革，坚守风险底线，探索更多"量体裁衣"、普惠式的农村金融服务，把更多金融资源配置到农村经济发展的重点领域和薄弱环节，更好地服务地方经济发展。提倡农村与金融机构要加强沟通交流，及时将农业、农村、农民的需求反馈给金融机构，推动第一产业与金融服务的深层次融合，创新金融生态，打造全方位农村金融体系。截至2018年底，石家庄镇区及乡村消费品零售额占全社会消费品零售额的比重为51%，在全国属于前列水平，说明石家庄农村的消费能力较强，也表明石家庄为农村消费提供了足够的渠道和便利。

➡ 第九节　本章小结

通过以上对各中心城市金融发展经验的总结可以看出，各地发展良好或发展速度较快的金融领域都具有相应的优秀发展经验和发展模式，并采取因地制宜的政策及措施，结合当地实际情况，对发展瓶颈和发展问题提出并实施有针对性的解决方法，其中共性小结如下：

（1）在各领域的经验方法中，通常都会采用金融与科技相结合的模式。

在当前科技快速发展，大数据应用广泛的背景之下，这一方式也成了金融领域的全新发展动力，有力地推动金融各领域的发展，通过大数据、云计算等精准获知金融各方面的具体需求，从而有针对性地提出解决方案。此外，还利用科技构建相应的金融发展平台，为各金融参与者提供信息共享和交流的平台，扩大信息传递范围，降低信息获取成本。

（2）创新与改革始终是各金融领域发展过程中永恒的主题。任何金融领域想要取得长久持续的良好发展都离不开创新与改革，都要随时间更新政策与方法，针对变化的外部环境和内部情况进行改革创新，创新同环境相适应的机制或体制，并通过改革创新引领金融各领域的进一步发展，完善各方面布局，从而推进金融整体建设与发展。

第五章

中心城市金融协同发展之"双城"模式研究

天府金融指数报告每年都有一个主题，2020 年报告的主题是区域经济金融协调（协同）发展。在以国内大循环为主体、国内国际双循环相互促进的新发展格局下，长三角、京津冀、粤港澳大湾区和成渝地区四个经济圈将成为中国经济发展的四根支柱，而这四根支柱最为明显的特征就是无一例外都是金融中心，体现为中心城市间的金融协同发展。为了探索不同经济圈内的中心城市如何推进经济金融协同发展，本报告重点研究了长三角、京津冀、粤港澳大湾区和成渝地区各中心城市的金融发展现状和协同发展特点，包括战略定位、金融基础设施布局、金融合作机制和模式等。在此基础上，提炼出基于经济圈中心城市金融协同发展的沪杭模式、京津模式、广深模式以及正在探索的成渝模式，以期为分区域的经济发展和金融中心建设提供参考和借鉴。

➡ 第一节　沪杭模式

一、长三角金融发展现状分析

　　1. 上海：综合金融发展的代表——持续进行金融创新改革，加大对外开放力度

　　上海作为我国国际金融中心和综合金融发展的代表城市，在金融创新与对外开放方面持续发力。在金融创新方面，设立科创板、建设长三角资本市场服务基地等都是上海的典型金融创新举措。科创板主要服务于符合国家战略、突破关键核心技术、市场认可度高的科技创新企业，旨在补齐资本市场服务科技创新的短板，是资本市场的增量改革，在盈利状况、股权结构等方面做出更为妥善的差异化安排，增强对创新企业的包容性和适应性。科创板在上海证券交易所设立，对上海国际金融中心和科技创新中心建设起到了重要的支持作用，也有助于完善上海乃至我国的资本市场基础制度，是上海的重大利好和未来机遇。在扩大对外开放方面，上海推出

"沪伦通"机制。2019年6月17日"沪伦通"正式启动。"沪伦通"启动有利于扩大我国资本市场双向开放，提高境内市场的深度和国际化水平，推动境内证券机构开展跨境证券业务，提升证券行业的国际竞争力，进一步促进了上海国际金融中心的建设。

2. 杭州：新兴金融发展的代表——完善绿色金融体系，打造国际金融科技中心

杭州在新兴金融方面发展较为迅速，尤其在绿色金融和金融科技方面表现亮眼。在绿色金融方面，浙江是全国较早开始进行绿色金融改革的省份，创新发行多种绿色金融产品，设立绿色发展基金。杭州银行作为杭州的地方金融机构，着力加强对美丽乡村、绿色交通、新能源与可再生能源等领域重点绿色项目的支持力度，推动战略性新兴产业绿色制造业发展；创新推出"节能贷"方案，为企业提供金融支持，推动绿色产业发展；构建绿色金融服务体系，完善名单管理制度，丰富绿色金融业务产品，拓宽资金来源，建立环境与社会风险管理机制，不断提升绿色金融服务能力。

杭州聚集了大量金融科技企业，已成功构造独特的金融科技生态圈，持续打造国际金融科技中心。杭州不仅拥有数量众多的金融科技企业，更重要的是形成了包括头部金融科技企业阿里巴巴和蚂蚁集团、高估值金融科技企业恒生电子和51信用卡以及大量创新型中小企业的金融科技生态圈。杭州的金融科技基础、信息产业、配套服务体系、人才等平台优势，为其建设全球金融科技中心提供了强有力的支持。2019年，由中国互联网金融协会和世界银行共同支持建设的全球数字金融中心在杭州正式成立，体现出杭州的金融科技实力，杭州已成为国内金融科技起步最早、创新最活跃、发展最迅速的城市之一。

3. 南京：金融市场发展的代表——投身长三角一体化国家战略，推进创新名城建设

南京金融业的迅速发展，得益于长三角一体化国家战略的推进实施。

围绕长三角一体化国家战略，南京与江苏省其他 10 个城市建立了区域金融治理合作机制，将自身发展与省内城市发展相联系，推动金融治理协调（协同）机制，维护金融稳定，为金融机构的发展和扩张创造优质环境。此外，南京积极投身长三角一体化金融基础设施和载体建设，快速推进数字资产登记结算平台、数字普惠金融一体化服务平台、长三角知识产权金融数字化创新实验室、长三角绿色金融研究院等创新平台的建设，为金融机构业务的扩大提供支撑。

在南京创新名城的建设中，南京构建了科技信贷、担保增信、应急转贷、股权投资等政策工具以实现金融支持实体经济的目标，为金融机构提供了新的业务增长点，增添了金融机构活力。南京积极投入创新建设，打造创新名城，一流的创新生态和创新活力吸引了不少金融机构和金融组织进驻，提高了南京金融机构的聚集度，催生了南京银行业金融机构的强势增长以及金融业的快速发展。

二、沪杭金融协同发展特点

1. 双核驱动，优势互补

上海与杭州在金融发展上各有所长，呈现典型的双核驱动特征，同时两地又实现了优势互补和协同配合。上海的主要优势在于传统金融的发展，而杭州则主要实现了金融科技等新兴金融的发展。

在传统金融方面，上海是国际金融中心，众多的全国性金融交易市场、强大的国企外企资源、量质兼优的高等学府均为上海的金融发展提供了强有力的支撑。与华尔街一样，陆家嘴是众多跨国银行的大中华区及东亚总部所在地，5.4 平方千米金融核心区集聚了 700 多家金融企业，已成为中国非常具有影响力的金融中心之一。近年来，上海抓住机遇，不断进行创新改革，进行了设立"科创板"、建设长三角资本市场服务基地、推出"沪伦通"机制等一系列改革创新。作为国际金融中心，上海持续加快完善金融市场体系、健全金融机构体系、扩大金融对外开放。在传统金融方面,上海具备完善的发展条件,这也为杭州的金融发展提供了基础环境,可助力杭州金融发展。

在新兴金融方面,杭州形成以蚂蚁集团为代表的金融科技发展格局,主导长三角地区金融科技的发展;上海则在业态发展上更为均衡,生态优势显著。

杭州金融科技产业发展突出、金融科技企业成长迅速,如蚂蚁集团估值曾经超过 4 000 亿美元;连连支付、51 信用卡、趣链科技等各细分领域优质企业亦态势活跃。但是,蚂蚁集团等金融科技公司在推动互联网金融创新发展的同时,其所带来的"数字鸿沟""信息孤岛"等潜在问题也不容忽视。此外,杭州金融科技体验全球第一,金融科技使用者占比高,是名副其实的"金融科技体验之城"。从生态来看,浙江及杭州政府高度重视金融科技发展,打造"国际金融科技中心"的目标指引将持续为其提供良好的政策基础。与此同时,杭州科技创新氛围浓郁,浙大 AIF 司南研究室与浙江互联网金融联合会发布的 2018 全球金融科技中心指数(Global Fintech Hub Index,GFHI)显示,杭州全球科技企业 Top200 市值总额位列全球城市第三。当然,杭州存在优质高校数量较少、高端科研质量优异但总量欠缺等短板,可引进优质专业科研机构,并鼓励财经类院校和理工类专业院校强强联合设立交叉学科,促进校际交流。

上海金融科技发展在产业、体验、生态上均衡推进。一方面,陆金所、拍拍贷、快钱、万向区块链等众多代表性金融科技企业各有特色,已发展成为国内外金融科技创新的重要样本;另一方面,上海的宏观商业环境和金融产业发展位列长三角地区第一名,远超区域内其他城市。作为亚太地区重要的国际门户,上海在金融科技众多领域加快先行先试,将以强有力的区域性金融资源集聚优势,把握自由贸易试验区金融开放创新试点机遇,继续推进金融科技跨越式发展。上海顺应金融科技快速发展的大势,加快科技与金融的融合，上线大数据普惠金融应用，试点"监管沙箱"，积极鼓励金融服务运用人工智能、区块链、云计算等科技，提升金融服务实体经济、服务投资者和管理风险的能力。众多银行机构正在探索和实践数字化转型，发展银行业金融新形态，一定程度上推动上海新型数字金融的建设。杭州则依靠自身金融科技先发优势，与上海一同建设数字金融高地。

2. 金融基础设施及金融机构的分布

在金融基础设施分布方面，上海主要有银行、证券、保险等传统金融机构和以上海证券交易所为首的众多全国性金融交易市场。2019年，上海共有中资银行法人5家，外资银行法人18家，新型农村金融机构139家，银行业金融机构总数4 224个，从业人员总计124 886人。2019年，上海资本市场各类市场主体共计7 035家，其中，上市公司308家，较2018年增加21家，占全国的8.15%；科创板上市公司13家，占全国的18.58%，总市值2 418亿元，占全国的27.68%；总部设在辖内的证券期货基金公司118家；证券期货基金各类分支机构1 107家；外资代表处39家。证券公司、基金公司、期货公司等多类主要机构的数量均居全国首位。2019年，上海当年股票（A股）筹资额为391亿元，国内债券筹资额为2 726亿元。截至2019年末，上海共有57家法人保险机构，较上年增加4家，其中，财产险公司20家，人身险公司22家，共有108家省级保险分支机构，同比增加3家。

杭州有众多金融科技知名公司，例如蚂蚁集团。从支付宝起步的蚂蚁集团如今已越做越大，它衍生出的各个产品也有很多用户，余额宝和花呗等都逐渐成为人们生活中的支付渠道。在我们看不到的地方，它也做得非常广泛。利用移动互联网、大数据和云计算等科技，AlipayHK联合了菲律宾电子钱包GCash，上线了全球首个区块链跨境汇款业务，使得香港和菲律宾两个区域之间的转账速度有了很大的提升，不用通过各个银行进行复杂繁琐的中转。恒生电子1995年落户杭州，2003年上市，再到2008年闯

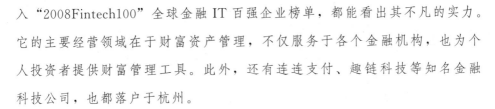

入"2008Fintech100"全球金融 IT 百强企业榜单,都能看出其不凡的实力。它的主要经营领域在于财富资产管理,不仅服务于各个金融机构,也为个人投资者提供财富管理工具。此外,还有连连支付、趣链科技等知名金融科技公司,也都落户于杭州。

　　3. 沪杭金融合作领域与合作机制

　　在基础金融方面,上海提供发展空间。以上海证券交易所为例,经过30 年的快速成长,上海证券交易所已经拥有股票、债券、基金、衍生品四大类证券交易品种,市场结构较为完整;拥有可支撑上海证券市场高效稳健运行的交易系统及基础通信设施;拥有可确保上海证券市场规范有序运作、效能显著的自律监管体系。依托这些优势,上海证券市场的规模和投资者群体迅速壮大。截至 2019 年末,沪市上市公司家数达 1 572 家,总市值 35.6 万亿元;2019 年全年股票累计成交金额 54.4 万亿元,日均成交2 229 亿元,股市筹资总额 5 145 亿元;债券市场挂牌只数 15 368 只,托管量 10.1 万亿元,累计成交 221.79 万亿元;基金市场上市只数达 292 只,累计成交 6.9 万亿元;衍生品市场全年累计成交 3 389 亿元;沪市投资者开户数量已达 24 398 万户。杭州众多公司也纷纷选择在上海证券交易所上市。

　　新兴金融方面,双方也持续开展合作。2020 年 10 月 9 日,阿里巴巴集团、蚂蚁集团与上海市政府签署战略合作协议,这是上海与阿里巴巴集团继 2015 年、2018 年后的第三度战略合作。根据协议,阿里巴巴集团、蚂蚁集团的三个总部和三个中心正式落户上海。未来三年,阿里巴巴集团、蚂蚁集团将通过产业互联网、数字新基建、金融科技、跨境业务、政府移动办公协同平台等一系列合作项目,全面融入上海的大发展。

3. 沪杭金融协同发展模式小结:双核驱动、优势互补

　　长三角地区金融中心协同发展以沪杭金融协同发展模式为代表,形成了上海以传统金融为核心、杭州以新型金融为核心的"双核驱动、优势互

补"模式。上海明确国际金融中心的定位，不断进行制度改革创新，增设自贸试验区新片区，推动上海证券交易所设立"科创板"并试点注册制，全力实施长三角一体化发展国家战略。杭州则以科技助推新型金融快速发展为核心，带动长三角地区的科技金融、普惠金融发展，推动整个长三角地区金融与科技融合。

➡ 第二节　京津模式

一、京津金融发展现状分析

1. 北京：金融机构和金融市场发展的代表——金融机构和金融基础设施集聚效应明显，扩大金融市场对外开放

北京是全国的政治、经济、文化中枢，同时是我国金融管理机构所在地，总部金融机构和重要金融基础设施集聚效应明显，金融机构和金融市场指标均排名首位。北京金融街作为国家金融管理机构、全国性金融行业协会、国家金融基础设施和重要金融机构总部所在地，有各类金融机构近1 900家，总部企业175家。目前，世界银行、国际货币基金组织、世界贸易组织等国际性组织均在北京设立了代表处，全球各大金融机构在北京设立了营业性分支机构或代表处。亚洲基础设施投资银行、丝路基金、亚洲金融合作协会等一批国际金融合作组织近年来也在北京设立。北京同时打造发达的多层次资本市场，除与上海证券交易所、深圳证券交易所开展合作外，还有全国中小企业股份转让系统，还建立了北京区域性股权交易市场（四板市场），从而可以更好地支持企业多渠道融资。

北京积极扩大金融市场对外开放。随着《中国（北京）自由贸易试验区总体方案》获国务院批复，北京将进一步积极推动自贸区和服务业扩大开放金融领域政策相关方案落地，引进内外资金融机构。北京金融街也进一步承接国家金融改革开放任务，发布了《西城区关于在金融街落实金融

业扩大开放的若干措施》，支持外资机构在金融街发起设立或参与设立金融机构、投资入股驻区金融机构，鼓励驻区外资、外向型金融机构全面参与国家金融业扩大开放与北京服务业扩大开放综合试点，为金融业扩大开放相关措施在金融街率先落地做好服务保障，从而促进国际国内金融市场双向融合，加快培育国际化金融产业生态。

2. 天津：人力资源和金融市场发展的代表——教育资源丰富，支持金融人才引进集聚，自贸区金融改革成效显著

天津作为直辖市，同样为我国北方重要经济城市，金融行业近年来凸显出强大的发展势头，特别是在金融人才培育和吸引方面表现优秀。天津在 2020 天府金融指数中人力资源指标排名第四，仅次于北京、上海、深圳。天津拥有南开大学和天津大学两所国内一流大学，中小学和社会教育指标也表现较为出色，具有丰富的教育资源。

天津市政府积极支持金融人才引进集聚，发挥人才智力支撑作用。实施"海河英才引进计划"，将通过认定的金融高端人才纳入"海河英才""绿卡发放范围"，同时给予资金补助，做到同等补助天津的准入门槛最低，同样情况天津的补助额度最大，补助直接落实到团队和个人，体现政策的延续性。

此外，天津自贸区金融改革取得了突出成就，以制度创新为核心，打造创新型金融板块承载地。中央银行批准天津正式成为继上海、海南之后第三个上线自由贸易（FT）账户体系的地区，在全国率先开展飞机离岸租赁对外债权登记业务和共享外债额度便利化两个试点。出台全国首个自贸区保税租赁业务管理办法和首个商业保理行业监管办法，为企业创造了更加完备的金融环境。外资股权基金及管理公司注册经营模式成功落实，完成全国首单知识产权供应链金融资产支持专项计划。物流金融创新形成突破，全国电子仓单系统试运行，成为国内首个实现仓单质押融资以及"全国电子仓单系统"试运行的区域，从而极大地激发了市场活力。亚投行全

球首个总部外功能中心也在天津自贸区中心商务片区启动建设，将对天津进一步积极探索金融创新，扩大对外开放起到重要推动作用。

二、京津金融协同发展特点

1. 北京引领，错位发展

京津金融协同发展主要由北京引领，按照京津区域整体功能定位和三地功能定位，以疏散"北京非首都功能"为原则，加强统筹协同，促进资源要素在更大范围内有序流动和优化配置，向天津传授金融发展创新经验，从而实现协同错位发展。北京是国家金融管理部门所在地，在京津金融协同发展中占据主导和引领地位，充分借助金融机构、金融市场等优势，有效实现"北京非首都功能"的疏散和转移。天津则做好积极承接"北京非首都功能"疏散工作，强化金融创新运营功能，做好京津金融产业转移承接合作的创新性拓展，促进京津金融市场融合，进一步丰富金融体系，完善特色金融产业，培育新型金融机构，形成京津冀金融产业链"全覆盖"，最终打造成为"国际化、多元化、高效化"的金融创新运营示范中心。

2. 金融基础设施及金融机构的分布

北京金融基础设施及金融机构具有全国性辐射能力。北京是国家金融管理部门总部所在地，"一行两会"在北京统筹全国金融行业的发展；是众多国家重要金融基础设施所在地，如中债登、中证登、中金所等；同时又是重要金融机构总部所在地，四大国有银行均在北京金融街设立总部。世界银行、国际货币基金组织、世界贸易组织等重要国际金融组织均在北京设立了代表处，全球各大金融机构也在北京设立了营业性分支机构或代表处。亚洲基础设施投资银行、丝路基金、亚洲金融合作协会等一批国际金融合作组织近年来也在北京设立。北京也有区域性金融基础设施辐射京津冀地区，最重要的是北京区域性股权交易市场（四板市场）。天津金融基础设施及金融机构主要以区域性为主，向下辐射河北，如天津股权交易所、

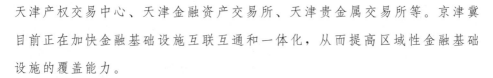

天津产权交易中心、天津金融资产交易所、天津贵金属交易所等。京津冀目前正在加快金融基础设施互联互通和一体化，从而提高区域性金融基础设施的覆盖能力。

3. 京津金融合作领域与合作机制

北京、天津及河北在多个金融领域探索改革创新，实现合作共赢。在统一监管方面，联合制定并发布了《京津冀协同发展人民银行三地协调机制》。在信用体系建设方面，京津冀共同建立区域信用体系联动机制，实现信用信息共享，利用大数据、云计算等先进技术实现三地间信用信息平台的互联互通；在金融资源配置方面，京津冀举办融资对接会议，建立融资对接平台，同时银行等机构加大对京津冀协同发展相关项目的支持力度，三地产权交易所联合成立京津冀产权市场发展联盟，成立京津冀协同票据交易中心，促进京津冀票据市场规范运行；在金融市场合作方面，京津四板市场签订战略合作协议，并与雄安新区对接合作；在产业基金方面，京津冀共同设立产业基金以推动京津冀一体化建设，包括京津冀城际铁路发展基金用于推动京津冀交通一体化建设；在绿色金融方面，京津冀绿色金融与能源产业精准对接，举办绿色金融支持节能环保产业融资对接会，搭建节能环保项目与绿色金融供需双方交流对接平台，促进银企对接的交流合作机会，培育绿色发展新动能；在农村金融方面，京津冀共同签署了京津冀农村金融服务一体化战略合作协议，开展农信合作。

京津金融协同发展的机制主要包括：第一，政府协同合作机制。京、津两地政府通过联席会、研讨会、签订战略合作协议、搭建合作平台等形式，建立京津金融协同发展协商合作机制，研究制定区域统一的金融业发展规划，整合区域内金融市场，同时加强金融监管协作，共同维护区域金融安全稳定。第二，机构创新合作融合机制。京、津两地金融机构开展横向创新合作互动，利用区域金融资源开展金融服务创新，从而促进创新政策和创新产品区域一体化，研究建立区域统一的金融业务流程和标准，推动地方金融机构互联互通。第三，信息共享机制。京津建立区域经济金融信息共享平台和数据库，实现金融事件事前、事中、事后信息共享。第四，京津共建产业基金，推进科技创新金融服务，从而有效支持京津产业协同发展。

三、京津协同发展模式小结：北京引领、错位发展

总的来说，京津金融协同发展主要呈现"北京引领、错位发展"的模式，依照京津区域功能定位和各自优势实现协同错位发展。北京依托其国家金融管理部门、国家金融基础设施和重要金融机构总部所在地的优势，增强金融辐射能力，提供先进金融创新发展经验和模式，引领天津金融发展。而天津则积极承担"北京非首都功能"疏散任务，逐渐强化金融创新运营功能，做好京津金融产业转移承接合作的创新性拓展，加强自贸区金融改革，促进京津金融市场融合，完善特色金融产业，培育新型金融机构，从而打造成为"国际化、多元化、高效化"的金融创新运营示范中心。

➡ 第三节　广深模式

一、广深金融发展现状分析

1. 深圳：金融市场发展的代表——多层次的发达的资本市场，金融业对外开放先行先试

深圳毗邻香港，其金融业的最大特点为开放创新，具体体现在多层次的发达的资本市场、不断深化资本市场改革和对外开放政策先行先试等方面。深圳依托深圳证券交易所建立完善的多层次资本市场体系，先行先试，不断推进资本市场改革创新，具体内容包括深化创业板注册制改革，完善新三板转板机制，理顺多层次资本市场结构；优化 CDR 制度，吸引优质企业回归 A 股；优化私募基金市场和创业投资企业市场，进一步拓宽和完善

创投退出渠道和机制。

在金融业对外开放方面，深圳以建设粤港澳大湾区为契机，着力打造国际金融中心，在多项金融对外开放政策上先行先试，在中国（广东）自由贸易试验区深圳前海蛇口片区开展试点。深圳进一步推动银行业、证券业、保险业对外开放，积极引入外资金融机构在深圳设立总部或分支机构；推动跨境贸易和外资投融资便利化，加快推动包括本外币一体化跨境资金池业务、港澳保险服务中心、跨境理财通试点等政策落地；进一步扩展非投资性企业开展股权投资试点、跨境人民币结算高水平便利化试点的地域范围。

2. 广州：科技金融发展的代表——扬长避短，进行"科创贷"品种创新

相对于深圳而言，广州缺乏类似深圳证券交易所这样的全国性金融交易平台，因此资本市场对科技的支撑相比深圳存在先天不足，但广州利用间接融资手段上的优势，通过"科创贷"品种创新来支持科技企业融资。例如推出专为成长期高新技术企业量身定做的融资产品"科创高新贷"，通过科创企业专属评级授信模型、专项跨区域信贷政策、专门融资审批通道，有效解决传统银行对科创企业开展融资活动所面临的"评级低、额度小、审批慢"问题，以科技为准入，以成长为坐标，将科技含量而不是传统的抵（质）押物作为贷款主要衡量标准，强调科技对科创企业持续经营发展的重要作用，优化信用贷款标准，扩大信用贷款额度。联手广州科技金融集团共同推出国内唯一面向科创板拟上市企业的专属融资产品"工银科金上市贷"，该产品具有还款来源灵活的特点，可以将企业的未来经营收入、上市募集资金、综合收益、特定兑付资金来源及其他合法收入作为还款来源。广州面对缺乏全国性金融交易平台的不足，扬长避短，利用银行业信贷创新有效支持了科技企业融资，促进了科技企业发展。

二、广深金融协同发展特点

1. 深圳先行，双核联动，双核驱动

广州和深圳的金融协同发展模式呈现"深圳先行，双核联动，双核驱动"的特点。深圳在金融对外开放创新政策方面先行先试，特别是在前海蛇口自贸区开展金融对外开放试点工作，包括跨境人民币交易和投融资便利化改革试点，在以科技、绿色、智慧、开放为导向的金融创新浪潮中走在全国前列。广州也全面支持深圳建设中国特色社会主义先行先试示范区，充分释放粤港澳大湾区、先行示范区利好叠加的"双核驱动"效应。在金融错位发展方面，广州着力建设"财富管理中心"，侧重于建设以银行、保险、财富管理为重点的区域性金融中心城市，着力提升金融市场的资源配置和辐射能力。深圳则侧重于建设以多层次资本市场、金融创新为特色的国际金融中心城市，探索资本项目对外开放和人民币国际化新路径。广州和深圳"双核联动，错位发展"，增强金融辐射和带动能力，最终打造金融强省。

2. 金融基础设施及金融机构的分布

在金融基础设施方面，深圳拥有深圳证券交易所这一重要的全国性金融交易平台。证券交易所是金融中心城市最具代表性的金融要素市场，从而有效增强了深圳的金融辐射能力。深圳充分发挥深圳证券交易所的平台作用，不断推进资本市场多层化建设和改革，增强深圳资本市场枢纽功能。目前深圳谋求在跨境金融市场基础设施建设上进一步取得突破，支持深圳证券交易所在前海建设粤港澳大湾区债券平台，探索推动交易所债券市场高水平对外开放。前海自贸区作为国家金融业对外开放试验示范窗口，多项跨境投融资便利化政策如跨境贷、跨境债、跨境投资、跨境资金池、跨境资产转让和自由贸易账户已在此先行实施，建立了完善的跨境金融体系。同时，为了切实防范跨境金融风险，深圳探索建设以监管科技为支撑的国

家级非法金融活动监测预警平台深圳分中心。

广州长期以来拥有广东股权交易中心、南方资本市场服务基地等区域性金融基础设施，但缺乏像深圳证券交易所这样的全国性金融基础设施，一定程度上制约了广州的金融辐射能力。2020年发布的《关于金融支持粤港澳大湾区建设的意见》或将改变这一情况。该文件指出，将充分发挥广州碳排放交易所的平台功能，搭建粤港澳大湾区环境权益交易与金融服务平台，研究设立广州期货交易所。碳排放、大宗商品指数、电力指数等可能成为首期上市品种，外汇品种也可能逐步放开试点。广州期货交易所将设置在对标深圳前海蛇口自贸区的南沙国际金融岛，不断引进项目和资源，致力于将其打造成为全国首个国际金融岛。未来金融岛或将成为粤港澳大湾区示范窗口、中国金融创新服务的典型。

3. 广深金融合作领域与合作机制

广州和深圳依托粤港澳大湾区建设的契机，根据各自优势，围绕自身定位提出金融支持粤港澳大湾区建设政策细则，其中存在合作的领域：在绿色金融领域推动组建绿色金融联盟，依托广州绿色金融改革创新试验区，建设粤港澳大湾区绿色金融合作平台，推动广州绿色金融创新经验向粤港澳大湾区复制推广，同时也支持深圳申报绿色金融改革创新试验区，从而集聚粤、港、澳三地金融资源，支持粤港澳大湾区绿色产业发展；在金融业对外开放领域，将金融业对外开放政策试点扩大至珠三角九市，广州、深圳两市为主的金融机构共同探索资本投资便利化、新业态外汇管理等对外开放政策，共同扩大银行业、证券业、保险业对外开放力度，有序推进粤、港、澳金融市场和金融基础设施互联互通；在知识产权领域，加强中新广州知识城（国家知识产权运用保护综合改革试验区）和中国（深圳）知识产权保护中心的合作，合作建立知识产权融资体系和风险补偿融资机制；在自贸区合作方面，广州市商务局和深圳前海蛇口管理委员会签署自贸区合作协议，共同支持双方对港、澳重大合作平台的建设，共同推进金融业对外开放及服务实体经济；在创新创业方面，组建粤港澳大湾区创业服务联盟，为公司提供创业生态服务，推动粤港澳大湾区双创产业升级。

广州和深圳金融合作的机制和京津冀有类似之处，同样包括政府协同合作机制、机构创新合作融合机制、信息共享机制和产业基金共建机制等。同时，由于广州和深圳行政规划上同属于广东省，因此广东省可以在一定程度上对广州和深圳金融合作进行决策和监管指导，更加明确未来广深金融协同发展的方向。另外，广州和深圳共同与第三方——港澳地区进行金融业相互开放合作，实现金融市场和金融基础设施互联互通。在国家推动粤、港、澳金融合作的过程中，广州和深圳金融业的合作发展也将进一步加深。

三、广深协同发展模式小结：深圳先行、双核联动

总的来说，广州和深圳依托粤港澳大湾区建设的契机进一步加强金融业的相互合作，共同推进金融业对外开放和金融基础设施互联互通，在金融协同发展中呈现"深圳先行，双核联动"模式。深圳作为中国特色社会主义建设先行先试示范区，在金融创新开放政策上先行先试，探索跨境人民币交易和投融资便利化，在前海蛇口自贸区开展多项金融对外开放试点工作；发挥深圳证券交易所平台优势，推进资本市场多层次建设和改革，支持科技金融发展。广州支持、配合深圳建设中国特色社会主义先行先试示范区，同时在金融对外开放方面紧跟深圳步伐，谋求金融开放试点范围扩大化，对标前海蛇口，积极建设南沙国际金融岛；根据深圳资本市场优势弥补自身金融市场不足，并发挥自身优势着力建设财富管理中心，通过"科创贷"创新支持科技金融发展。在绿色金融领域，共同组建粤港澳大湾区绿色联盟，探索建立全国性交易平台——广州期货交易所以服务绿色金融。最终，广州和深圳通过实现金融联动发展，进一步增强金融辐射和带动能力，打造金融强省。

→ 第四节　成渝模式

一、成渝金融发展现状分析

成都、重庆在 2020 天府金融指数中排名分别为第六名、第七名，在全国排名位于前列，金融发展水平比较接近。成、渝两地金融业经过多年建设和发展，虽然与北京、上海、深圳等重要金融中心城市仍具有一定差距，但各项主要指标在中西部均处于领先地位，已建设成为我国西部地区金融高地，金融业支撑和辐射作用显著。从子指标看，成都、重庆 2020 传统金融指标排名分别为第七名、第八名，新兴金融指标排名分别为第五名、第六名，高于传统金融指标排名。成、渝两地在新兴金融领域表现良好，并分别形成了自己的特色，各具亮点。成都、重庆分别在农村金融和绿色金融方面具有优势。成都积极推进农村金融服务综合改革试点，2020 农村金融子指数排名第一，农业及相关产业上市公司数及总市值分别为 7 家和 815 亿元，均排名首位，小型农村金融机构从业人数子指标同样排名首位；而重庆则在绿色金融方面积极探索创新，取得子指数排名第二的优异成绩。在科技金融方面，成、渝两地也各具优势。成都在科技企业上市公司家数和市值方面具有比较优势，分别为 11 家和 957 亿元，排名第 7 和第 9，而重庆则在高新技术产业投资额指标上排名首位，为 1 201.9 亿元。未来成、渝两地将继续重视科技金融、文化金融、绿色金融和农村金融的发展，持续深化新兴金融改革创新，从而进一步巩固其优势。成、渝两地虽然已经建立了较为健全的金融机构体系和金融要素市场，但相对于新兴指数排名而言，在传统金融领域仍存在广阔的发展空间，未来将进一步提高金融要素市场化配置能力，加强金融资源集聚。成、渝共建西部金融中心的主要优势在于其重要的战略地位。成、渝两地作为新时代西部大开发的战略支点、长江经济带和"一带一路"建设的连接点以及"陆海新通道"的起点，在金融开放方面走在中西部地区前列，因此两地良好的金融基础和发展水平已经足以支撑两地携手共建西部金融中心，成渝地区双城经济圈有望成为中国金融的"第四极"。

　　成都 2020 天府金融指数排名第六，在全国排名位于前列，其中传统金融和新兴金融指数排名分别为第七名和第五名，新兴金融指数排名高于传统金融指数，表明成都在新兴金融领域发展方面取得了良好成绩。成都 2020 农村金融子指数排名居首，建立并完善了"线上＋线下"的农村金融服务体系。成都在科技金融方面同样取得了不俗成绩，重视金融对科技企业的支持推动作用，在国内首先设立了专门管理新经济发展的政府部门——成都市新经济委，形成了包括财政资金投入、企业梯度培育、科技管理体制创新等全方位的政策体系，创造了良好的科技金融发展环境。成都在科技金融创新领域同样走在全国前列，率先开展中央银行"科票通"业务，发行全国首单"双创债"，建立全国首个基于区块链的知识产权融资服务平台。

　　重庆 2020 天府金融指数排名第七，在全国排名同样位于前列，其中传统金融、新兴金融指数排名分别为第八名、第六名，新兴金融指数排名同样高于传统金融指数，说明重庆在新兴金融领域同样取得了不俗成绩。绿色金融和消费金融是其重要特色。在绿色金融方面，重庆子指标排名在全国位于第二。重庆在全国较早地出台了完整的绿色金融发展规划，并持续推进绿色金融融资方式创新，在重庆广阳岛片区开展长江经济带绿色发展示范，引领重庆在长江经济带绿色发展中发挥示范作用。在消费金融方面，重庆是互联网小微企业的发展高地，互联网小贷业务笔数和贷款余额位列全国第一，支付宝花呗也落地重庆。

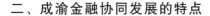

二、成渝金融协同发展的特点

1. 成渝共建西部金融中心

2020年1月3日,中央财经委员会第六次会议明确提出推动成渝地区双城经济圈建设,标志着成渝地区双城经济圈建设已经上升成为国家重点区域发展战略。2020年10月16日,中共中央政治局审议《成渝地区双城经济圈建设规划纲要》(以下称《规划纲要》),指出成渝地区双城经济圈建设有利于形成优势互补、高质量发展的区域经济布局,有利于拓宽市场空间、优化和稳定产业链供应链,是构建以国内大循环为主体、国内国际双循环相互促进的新发展格局的一项重大举措。

中央对成渝地区双城经济圈的目标定位为"一极两中心两地",即突出重庆、成都两个中心城市的协同带动,注重体现区域优势和特色,使成渝地区成为具有全国影响力的重要经济中心、科技创新中心、改革开放新高地、高品质生活宜居地,打造带动全国高质量发展的重要增长极和新的动力源。为深入贯彻落实党中央重大区域战略部署,重庆市委全面深化改革委员会、四川省委全面深化改革委员会于2020年8月联合印发《关于推动成渝地区双城经济圈建设的若干重大改革举措》,对两地协同推进的重大改革进行部署,开创了全国省级层面跨区域全面深化改革合作的先河。该文件针对制约成渝地区双城经济圈建设的深层次矛盾和体制性难题,提出了探索经济区和行政区适度分离综合革新、完善川渝共建自贸试验区协同开放示范区体制机制、推进城乡融合生长革新示范、健全生态情况联防联控机制等11项需两省市协同推进的重大革新举措。

2020年6月,四川省与重庆市有关部门签署《共建西部金融中心助力成渝地区双城经济圈建设合作备忘录》,明确探索建立成渝地区双城经济圈联合授信机制。与此同时,两省市各部门、各单位已在经济金融、公共服务领域签署多项合作协议,构建合作机制,覆盖商业、科技、生态、就业

等多个方面，旨在打破行政区划壁垒，促进要素自由流动、资源高效配置、市场深度融合，助推区域一体化发展。成渝共建西部金融中心已成为成渝地区双城经济圈建设的必要支撑和重要抓手。

2. 成渝合作的领域

成渝地区金融业融合发展是建设成渝地区双城经济圈的必然趋势和重要推进力。目前，成、渝两地在金融支持双城经济圈建设领域已有多方面的合作，主要包括：四川省和重庆市金融监督管理局共同探索建立成渝地区双城经济圈联合授信机制。同时，两地的地方性金融机构，如成都银行和重庆银行、重庆农村商业银行和四川省农村信用社联合社、交通银行四川分行和重庆分行、兴业银行成都分行和重庆分行等，纷纷签订战略合作协议，建立行内交流机制，加强全方位、多领域合作，包括金融科技、绿色金融、农村金融等领域。在金融和产业深度合作方面，成、渝两地国有创投企业目前针对成渝地区双城经济圈建设已设立两只产业基金，力争打造成为总规模300亿元的成渝地区双城经济圈发展基金群和总规模50亿元的成渝地区双城经济圈科创母基金，主要投资于川、渝两地集成电路、智能制造、新型显示、新材料、新能源、生物医药等战略新兴制造业，航旅、大健康等战略新兴服务业，以及智慧城市、新基建等领域，从而引导和撬动更多社会资本加大对成渝地区重点项目投资，助推川、渝两地实体经济发展提质增效、转型升级。

3. 成渝金融合作领域与合作机制

成、渝两地合作强调联动，信息共享、资源共享、优势互补、协作共兴、共同发展，并按项目化、事项化、清单化的方式推动合作协议落地。

在金融方面，目前成、渝两地多家银行机构已签署推进成渝地区双城经济圈建设的合作协议，合作方式主要包括异地客户手续办理、集团客户授信、两地政府对接、公积金一体化发展、互设分支机构等，旨在建立银行内部交流机制，推动银行间跨区域展业。通过银团贷款等合作模式，加大对成渝地区重大项目金融支持力度，促进资金、技术等资源要素高效集聚和优化配置，助力形成带动西部地区高质量发展的新动力源。

在毗邻地区合作上，两地成立了成渝轴线区（市）县经济协同发展联盟，推动毗邻两地的各区、县、市开展全方位合作。比如推进渝北区和双流区作为空中门户、交通枢纽、开放前沿，共同推动产业协作共兴、科技创新协同和成果交易转换、公共服务共建共享，把两个"空港之城"共同打造为成渝地区双城经济圈建设地方合作典范。

此外，两地在市场监管体系一体化建设方面也取得了诸多成效：两地相互开通异地投资注册登记绿色通道，放宽市场主体异地投资市场准入条件；建立产品质量监督、知识产权保护、信用"红黑名单"共享互认等协议。

三、成渝金融协同发展模式小结：共同建设、融合发展

成都和重庆无论在产业还是在金融发展方面都处于中西部地区领先地位，并且各具特色和亮点，多年来形成了优势互补、错位发展的格局。在以国内大循环为主体、国内国际双循环相互促进的新发展格局下，成渝地区双城经济圈建设有望成为中国经济发展的四大支柱之一，而成渝金融协同发展的战略意义将更加重大。当前，成、渝两地正携手共建西部金融中心，未来成渝地区双城经济圈有望成为中国金融"第四极"。两地共同建设金融中心，几乎没有现成的经验可以借鉴，成都和重庆采取何种模式来共建西部金融中心有待积极探索和大力创新。结合成、渝两地的历史背景、发展现状和已有合作基础，本报告认为成、渝两地金融协同发展的目标模式是"共同建设、融合发展"。

➡ 第五节 本章小结

为了探索不同经济圈内的中心城市如何推进金融中心建设和经济金融协同发展，本章研究了长三角、京津冀、粤港澳大湾区和成渝地区各中心城市的金融发展现状和金融协同发展特点，提炼出了基于经济圈中心城市金融协同发展的四个"双城"模式，即沪杭模式、京津模式、广深模式以及正在探索的成渝模式。

长三角地区以沪杭金融协同发展模式为代表，形成了上海以传统金融为核心、杭州以新型金融为核心的"双核驱动、优势互补"的模式。上海明确国际金融中心定位，不断进行制度改革创新，扩大对外开放领域，增设自贸试验区新片区，推动上海证券交易所设立"科创板"并试点注册制，全力实施长三角一体化发展国家战略。杭州则以科技助推新型金融快速发展为核心，带动长三角地区的科技金融、普惠金融发展。两个城市各自的比较优势突出，相互取长补短，推动整个长三角地区金融与科技融合发展，提高了金融的整体效率。

京津冀地区金融协同发展以京津为主，呈现"北京引领、错位发展"模式，依照京津区域功能定位实现协同错位发展。北京依托其国家金融监管部门、金融基础设施和重要金融机构总部所在地的优势，增强金融辐射能力，提供金融创新发展经验和模式，引领天津金融发展。天津则积极承担"北京非首都功能"疏散任务，逐渐强化金融创新运营功能，做好京津金融产业转移承接合作的创新性拓展，加强自贸区金融改革，促进京津金融市场融合，完善特色金融产业，培育新型金融机构，从而打造成为"国际化、多元化、高效化"的金融创新运营示范中心。

依托粤港澳大湾区建设的契机，广州和深圳进一步加强金融业融合，在金融协同发展中呈现"深圳先行、双核联动、双核驱动"的特点。深圳作为中国特色社会主义建设先行先试示范区，在金融创新开放政策上先行先试，探索跨境人民币交易和投融资便利化，在前海蛇口自贸区开展多项金融对外开放试点工作；发挥深圳证券交易所平台优势，推进资本市场多层次建设和改革，支持科技金融发展。广州支持、配合深圳建设中国特色社会主义先行先试示范区，同时复制推广深圳的创新成果，对标前海蛇口，积极建设南沙国际金融岛。发挥自身优势着力建设财富管理中心，利用"科创贷"产品创新助推科技金融发展。在绿色金融领域共同组建粤港澳大湾区绿色联盟，探索建立全国性交易平台——广州期货交易所以服务绿色金融。广州和深圳通过良好的金融联动发展，进一步增强了金融辐射和带动能力。

成渝地区双城经济圈建设对成渝金融协同发展提出了更高的要求。与以上三个"双城"模式不同的是，成、渝两地拟"共建西部金融中心，服务成渝地区双城经济圈高质量发展"。两地共同建设金融中心，没有什么现成的经验可以借鉴。当前，成渝模式尚处于积极实践和大胆探索过程中，成都和重庆计划在信息共享、金融基础设施互联互通、金融市场一体化发展、金融要素自由流动、科技金融合作、绿色金融联盟和成渝文化产业合作等方面深度融合，探索适合成渝地区双城经济圈建设的金融协同发展合作机制和模式。

第六章

结论与建议

➡ 第一节　结论

一、稳健发展，各城市金融相对优势明显

2020天府金融指数评价体系中，各中心城市的总指数排名较为稳定，这表明各中心城市较好地保持了相对优势。从总指数排名来看，排名前十城市整体稳定，北京、上海、深圳、广州等一线城市继续名列前茅，杭州、成都、重庆和南京各项子指数的得分和排名都比较领先且稳定，仅有天津和武汉发生了位次调换。主要中心城市的传统金融分指数和新兴金融分指数排名也较为稳定。2020年，传统金融分指数前十席位成员没有变动，内部排序仅有重庆和武汉发生小幅变动。新兴金融分指数前十二席位成员略有变动，整体稳定。总体而言，一线城市在金融市场、金融机构等传统金融业态和科技金融、绿色金融等新兴金融业态上都具有领先优势，各方面均衡发展。排名前十以外的城市高度重视金融发展，总指数得分的增长幅度更大。

二、因地制宜，在不同领域各领风骚

各城市总排名背后包括不同金融领域的多个指标排名、细分领域的排名中显现出不同的优势城市、亮眼表现和先进经验，我们可以从中提炼适用性较强的政策措施。"它山之石，可以攻玉。"从各城市的金融发展经验中不难发现，基于不同的发展定位和策略，各个中心城市在不同的金融发展领域排名增速有显著的差异。金融与科技的结合较为普遍，且具有良好的政策效果，二者的融合进一步加快了如文化金融、农村金融、从业环境等各个金融细分领域的发展与完善。科技在推动社会发展的同时，也带动着金融建设的发展。

三、协同发展，经济圈"双城"模式各具特色

在以国内大循环为主体、国内国际双循环相互促进的新发展格局下，长三角、京津冀、粤港澳大湾区和成渝地区四个经济圈将成为中国经济发展的四根支柱。金融发展为这四根经济支柱提供加速器和动力，最为明显的特征就是无一例外都有金融中心，并且形成中心城市间独特的金融协同发展模式。本报告分析四大经济圈中心城市的金融发展现状和协同发展特点，包括战略定位、金融基础设施布局、金融合作机制和模式等，归纳出金融协同发展的四个"双城"模式，即沪杭模式、京津模式、广深模式以及正在探索的成渝模式，它们既有协同发展的共同点，又各具特色。

➡ 第二节 建议

一、重视传统，创新推动新兴金融发展

从传统金融分指数和新兴金融分指数上看，保持领先地位的依旧是北京、上海、广州和深圳。与传统金融分指数相比，新兴金融分指数的排名变动更大，发展空间更宽广。成都、重庆和南京等城市借助新兴金融发展提升了整体竞争力、吸引力，其中成都农村金融子指数连续四年位列全国第一，科技金融子指数的排名比上年进步两位；重庆、南京的绿色金融和科技金融进步较大，促使其新兴金融分指数排名靠前。在北京、上海、广州、深圳保持传统金融发展领先优势的情况下，其他城市在传统金融领域奋起直追的同时，应借鉴成都、重庆、南京等城市在农村金融、绿色金融、科技金融等新兴金融领域的发展经验，高度重视新兴金融发展，提升金融综合发展能力。

二、扬长避短，发展适合自身特点的模式

改革创新是金融发展的根本动力，各城市应与时俱进，注重改革创新，不断完善金融发展的机制体制，为金融发展营造良好的制度环境、政策环境，引领金融业态健康发展。创新科技金融、文化金融、绿色金融、农村金融发展模式，建立和完善小微企业融资平台和机制。加强金融管理能力建设，提高金融监管措施的针对性、有效性，加速形成能够高效服务地方实体经济发展的金融格局。金融是生产性服务业，人才是金融发展的关键，应重点改革人才引进制度，制定更具吸引力的政策。各中心城市有着独特的地理位置、交通环境以及其他资源禀赋，需要充分发挥自身优势，借鉴先进城市的金融发展经验，大胆创新，闯出一条与自身经济高质量发展相适配的金融发展道路，形成独特的金融布局。

三、科技赋能，推动金融高质量发展

各中心城市金融发展经验表明，金融与科技融合发展是一个普遍的现象，依靠科技来发展金融已成为新时期推动金融发展的规律。应推动大数据、人工智能、云计算、物联网等现代技术在金融领域的运用，充分发挥科技赋能的作用。建立更多金融与科技融合的服务平台，建立信息共享与交流机制，深刻挖掘底层金融需求，深化金融的下沉程度，拓宽金融服务领域，增加金融服务对象和效率，更好地满足不同产业、不同主体的金融需求，加速金融高质量发展。

四、协同发展，形成中心城市错位发展新格局

在全国一盘棋的大格局下，以中心城市增长极带动区域经济协调（协同）发展，是我国经济可持续发展的重要特征。在京津冀、长三角、粤港澳大湾区经济圈中，形成了金融协同发展的沪杭模式、京津模式、广深模

式，这种经济圈"双城"发展模式，无论是"上海以传统金融为核心、杭州以新型金融为核心的双核驱动"，还是"北京引领、错位发展"，以及"深圳先行、双核联动、双核驱动"都需要中心城市之间实现优势互补、资源共享、合作共赢。随着成渝双城经济圈建设的推进，东西部经济增长极相互呼应、国内经济循环的基础更加坚实。各中心城市应该找准参加国内国际经济双循环的产业、路径，主动融入四大经济圈，发挥好自身的优势和特色，建立支撑产业链、供应链稳健发展的金融体系，实现金融基础设施的共联共建以及金融机构的互助互促、错位发展，形成更加紧密的区域经济金融发展共同体，助推区域经济高质量发展。

参考文献

［1］丁任重，王河欢. 成渝地区双城经济圈产业竞争力评价及协同发展研究［J］. 中国西部，2020（6）：1－13、133.

［2］耿旭静，等. 全国文化金融中心联盟成立［EB/OL］. https：//www. sohu. com/a/279403222＿100214258，2018－12－03.

［3］胡琳芸，周琼. 一图读懂：宁波最新人才政策都在这里［EB/OL］. http：//news. cnnb. com. cn/system/2019/04/21/030045370. shtml，2019－04－21.

［4］胡懿新. 科创板一周年：改革，从未停歇［J］. 上海国资，2020（4）：50－53.

［5］康书伟. 青岛辖区39家上市公司2019年经营业绩稳中有进［EB/OL］. https：//baijiahao. baidu. com/s？id＝1666561851218843503＆wfr＝spider＆for＝pc，2020－05－13.

［6］李峰，胡浩. 金融先行，促进长三角区域协调发展［N］. 证券时报，2020－09－07（A02）.

［7］李奎刚. 京津冀金融协同发展路径探析［J］. 辽宁工业大学学报（社会科学版），2020，22（5）：36－38.

［8］李艳琼. 武汉"汉融通"推出"301"贷款［EB/OL］. http：//news. hubeidaily. net/web/1479/202009/24/770063. html，2020－09－24.

［9］李湛，张彦. 长三角一体化的演进及其高质量发展逻辑［J］. 华东师范大学学报（哲学社会科学版），2020，52（5）：146－156、187－188.

［10］梁刚，赵振宇，M. MUSTAFA OZGUVEN. 粤港澳大湾区绿色金融合作模式探析［J］. 银行家，2020（1）：64－67.

［11］刘翠，李金山. 天津自贸区金融创新对经济发展影响的实证分析［J］. 产权导刊，2020（9）：29－37.

［12］鹿鸣. 金家岭金融区：青岛走向世界金融中心的"最后一公里"［EB/OL］. https：//qd. ifeng. com/a/20190124/7186577＿0. shtml，2019－

01 – 24.

[13] 孟庆斌，杨志豪，师倩. 资本市场开放下的"沪伦通"研究：理论、现象与研究机会 [J]. 财务研究，2020（3）：54 – 61.

[14] 中国人民银行. 重庆市首单绿色债务融资工具成功发行 [EB/OL]. http：//www. tanjiaoyi. com/article – 26942 – 1. html，2019 – 05 – 07.

[15] 孙靓，胡伟，屈丹丹. 南京创新名城建设之路及启示 [J]. 安徽科技，2020（11）：32 – 33.

[16] 涂波. "文化＋金融"推动文化产业可持续发展 [EB/OL]. https：//epaper. xkb. com. cn/view/1128121，2019 – 01 – 01.

[17] 吴丹，刘慧宏. 浙江绿色金融改革创新试验区有效性研究 [J]. 区域金融研究，2019（12）：54 – 59.

[18] 武汉市地方金融工作局. 武汉获批全国首个科技保险创新示范区 [EB/OL]. http：//www. wehdz. gov. cn/zmq/xwdt ＿ 22850/mtbd/202010/t20201013 ＿ 1463941. shtml，2020 – 10 – 13.

[19] 新华网. 2019 中国城市商业信用环境指数排名出炉 [EB/OL]. http：//www. xinhuanet. com/enterprise/2019 – 11/21/c ＿ 1125258545. htm，2019 – 11 – 21.

[20] 叶纯青. 全球数字金融中心成立 [J]. 金融科技时代，2019（11）：92.

[21] 浙江大学互联网金融研究院，阿姆斯特丹司南研究室. 2018 全球金融科技中心指数报告完整版发布 [EB/OL]. （2018－07－29）[2020－09－10]. http：//www. aif. zju. edu. cn/news/detail/557. html.

[22] 中华工商时报. 成都科技金融服务模式获全国推广 [N/OL]. http：//finance. china. com. cn/roll/20170922/4400355. shtml，2017 – 09 – 22.

[23] 重庆商报. 重庆创建绿色金融改革创新试验区 [N/OL]. http：//greenfinance. xinhua08. com/a/20200122/1908832. shtml，2020 – 01 – 22.

[24] 周雷，邱勋. "小蚂蚁"绘就"大蓝图"：金融科技创新的杭州样本 [J].

杭州，2020（17）：20－25.

[25] 朱惠斌. 粤港澳大湾区金融产业空间格局与分异探讨 [J]. 岭南学刊，
2019（6）：28－34.

[26] 世界银行. 2019 年世界营商环境报告 [EB/OL]. wap. cnki. net.

附　录

天府金融指数指标体系

一、金融市场子指数

金融市场的发展是金融中心的关键所在，直接关系到金融中心现在的地位和将来的发展潜力，也是所有金融中心指数的评价过程中不可或缺的一环。从理论上讲，金融中心最直接的表现是金融市场的规模，金融市场规模的扩大可以吸引更多的金融机构和金融从业人员，从而进行信息的低成本交流，形成规模经济收益。从政策上讲，国家会优先支持金融市场发达的地区建设金融中心，没有一定金融市场基础的金融中心，只能是一张"空头支票"。从实践上讲，世界上没有一个国家、一个城市的金融中心是没有金融市场支持的。在金融市场规模支撑下，再主要按不同金融行业分不同子市场进行考察。在细分的子市场中，主要包括信贷市场、货币市场、债券市场、股票市场和保险市场。除此之外，天府金融指数重点考察各类型资本市场的直接融资功能，加入了当地区域股权交易中心的挂牌公司数量、当地进行并购交易的企业数量和当地企业获得 PEVC 股权投资的公司数。在对信贷市场、货币市场、债券市场、股票市场和保险市场这五个基本的市场进行度量时，充分考虑绝对量和相对量的平衡、存量和增量的平衡、数量和质量的平衡，还兼顾各地的创新服务的新兴市场。可以说，金融市场规模这个一级指标衡量了一个城市各个维度金融市场的发展情况。其他的比如期货市场、外汇市场、黄金市场等子市场由于缺少地方参与规模的公开数据，只考虑交易所可能会有失偏颇，所以并没有被纳入金融市场的维度之中。并且，对于国内的金融中心建设而言，这些子市场的重要程度远远不如信贷市场、货币市场、债券市场、股票市场、保险市场和其他直接融资市场。金融市场子指标具有非常强的代表性，具体构建见附表 1。

附表 1　金融市场子指数指标体系

金融市场指数		数据来源
信贷市场	存贷款总额	国家统计局
	存贷款总额占地区 GDP 比重	国家统计局
	小贷公司贷款余额	中国人民银行、中国金融学会
债券市场	信用债存量	Wind 资讯金融终端
	信用债发行	Wind 资讯金融终端
股票市场	A 股上市公司家数	Wind 资讯金融终端
	上市公司新股发行募资总额	Wind 资讯金融终端
	上市公司市值占地区 GDP 比重	Wind 资讯金融终端、国家统计局
	上证＋深证证券交易额	上海证券交易所、深圳证券交易所
货币市场	辖内银行办理跨境人民币结算金额	中国人民银行
	银行承兑汇票承兑累计发生额	中国区域金融运行报告
保险市场	保险密度	各市统计局
	保险深度	各市统计局
其他市场	当地区域股权交易中心的挂牌公司数量	Wind 资讯金融终端
	进行并购交易的企业数	中国并购交易数据库
	获得 PEVC 投资的公司家数	中国 PEVC 数据库

二、金融机构子指数

在金融机构方面，金融机构是金融市场的参与主体，也是金融中心建设的重要主体，多样化、富有竞争力的金融机构是金融中心发展的关键。从理论上讲，金融中心是金融资源的聚集地，突出地体现在金融机构的聚集上面，金融机构的数量多、种类全、质量高，才能更好地发挥金融中心的辐射作用。从政策上讲，金融机构是各类金融政策传递的微观主体，理性的金融市场主体对各类政策的实施具有重要的支撑作用。从实践上讲，金融机构的评价不能只关心数量而不看重质量，风控能力差、经营不稳健的金融机构的聚集可能对当地经济金融发展是一个灾难。因此，在天府金融指数中，金融机构的子指数不仅仅考虑金融机构的聚集效应，更注重金融机构的经营质量和水平，从金融机构的数量、规模、运行质量、风控质量和社会声誉方面进行评价。在金融机构的选择方面，包括商业银行、证券公司、基金、保险公司和其他金融中介。在评价体系的构建中，在考量资产规模、网点数量、盈利能力、风险因素的基础上，还增加了关于运营效率、发展潜力的考量。不仅关注企业自身公布的数据，还依据外部评审和行业协会的数据进行评价，从内、外两个维度对金融机构的实力进行科学、全面的评价和考察。具体来说，针对商业银行，考虑法人机构和非法人机构的数目和资产总和，同时针对当地的法人银行，还要对它们的资产质量、风控能力和盈利能力进行考量。针对证券公司和保险公司，不仅考虑法人券商和保险公司的数量和资产规模，还对它们的盈利能力进行考量。针对基金，兼顾公募基金和私募基金，重点考虑管理的资产规模。针对私募基金，因为其管理资产规模没有披露数据，用发行的产品数量进行替代。可以说，金融机构实力这个一级指标衡量了一个城市所有金融机构的竞争现状和发展潜力，具体构建见附表2。

附表 2　金融机构子指数指标体系

金融机构指数		数据来源
银行	银行业金融机构个数	中国人民银行、中国区域金融运行报告
	银行业金融机构资产总额	中国人民银行、中国区域金融运行报告
	本地法人银行个数	Bankscope 全球银行和金融机构分析数据库
	本地法人银行的资产总和	Bankscope 全球银行和金融机构分析数据库
	本地法人银行的贷款损失/总贷款	Bankscope 全球银行和金融机构分析数据库
	本地法人银行的 ROAE（回报率）	Bankscope 全球银行和金融机构分析数据库

续附表2

金融机构指数		数据来源
券商	本地法人券商个数	证监会
	本地法人券商总收入	各个证券公司披露的财报（合并报表）
	本地法人券商的 ROE（净资产收益率）	各个证券公司披露的财报（合并报表）
保险	本地法人保险机构数	银保监会
	本地法人保险机构 ROE（净资产收益率）	中国保险统计年鉴
	本地法人保险机构资产总额	中国保险统计年鉴
资产管理	本地法人公募基金管理个数	中国证券投资基金业协会
	本地法人公募基金管理资产规模	中国证券投资基金业协会
	本地法人阳光私募基金发行产品个数	中国证券投资基金业协会
	本地法人阳光私募基金个数	中国证券投资基金业协会
其他	30 强会计师事务所数量	中国会计视野
	百强资产评估机构数量	中国资产评估协会

三、从业环境子指数

在从业环境这个子指数中，根据 GFCI 的调查，金融的从业环境与金融中心的排名具有最紧密的联系，虽然在一个国家内税收和监管政策差距不大，但金融从业环境依然是金融中心评价的重要组成部分。从理论上讲，从业环境是金融中心发展的重要"向心力"和"离心力"，尤其是随着交通的发展和互联网络的发展，大家对从业环境越来越看重。从政策上讲，各地在金融中心发展浪潮涌起的时候，各地金融机构开始从北京、上海、广州、深圳出来，去一些二线城市开设子公司，其中最重要的两点是当地的政策支持和从业环境。从实践上讲，金融作为一个极度轻资产的行业，最重要的就是金融人才，没有人才的公司和市场只是一个空架子，而从业环境是吸引资金和人才的核心。我们从基础设施、城市环境、制度环境和经济环境四个方面进行评价。基础设施是比较基本的评价指标，主要包括轨道交通、医院医疗和信息设备，在具体指标的选择方面，我们充分考虑金融人才对基础设施的要求，在交通上没有考虑大家通常使用的公交车、公路交通和铁路的数据，而是选择地铁、出租车、机场和快递的数据进行测评。因为金融人才并不会常常乘坐火车和公交车，这个交通方面的测评更具有现实性。医院医疗方面，同样不会只关注数量，还会关注质量，尤其是加入了医师日均负担诊疗人数，以便对时间成本进行考量。在信息设备方面，同样是考量金融行业的特殊性，使用移动电话、互联网和长途光缆作为评价指标，而没有选择固定电话、传真机、ATM机等老化指标。在城市环境方面，也进行了多方面的考量，选择了市区绿化覆盖率、突发环境事件数目、城市区域环境噪音监测等效声级四个指标。在制度环境方面，选择了国家级试验区、司法文明指数、市场化指数、城市商业信用环境指数作为代理变量。经济环境是当地金融发展的基础和根本，一座城市的经济环境的优化可以发挥"1+1＞2"的效果，经济环境的优化可以产生"虹吸效应"，不仅可以吸引周边地区的资本、资源和人才，还可以吸引优质产业和大企业的集聚，报告选择了地区 GDP、第三产业增加值占比、人均地区 GDP、外商直接投资实际使用金额、货物进出口总额、城镇职工基本养老保险参保比例、城镇职工基本医疗保险参保比例、政府财政支出占地区 GDP 比重、财政收入与财政支出之比来衡量。可以说，金融从业环境这个一级指标衡量了一个城市金融发展所涉及的所有环境信息，具体构建见附表 3。

附表 3 从业环境子指数指标体系

从业环境指数		数据来源
基础设施	城轨交通运营线路长度	城市轨道交通 2016 年度统计和分析报告
	市区年末实有出租汽车数	国家统计局
	机场旅客吞吐量	中国民用航空局
	规模以上快递业务量	国家邮政局
	每百人医院、卫生院床位数	国家卫计委、国家统计局
	每千人执业医师数	国家卫计委
	医师日均负担诊疗人数	国家卫计委
	人均移动电话数	中国城市统计年鉴、工业和信息化部、国家统计局
	互联网宽带接入用户占比	工业和信息化部
	长途光缆线路长度与城市道路长度比值	国家统计局、交通部
城市环境	环境空气质量综合指数	中国环境保护部、国家统计局
	市区绿化覆盖率	中国环境保护部、国家统计局
	突发环境事件数目	中国环境保护部、国家统计局
	城市区域环境噪声监测等效声级［dB（A）］	中国环境保护部、国家统计局
制度环境	国家级试验区（自贸区、国家级金融综合改革试验区、国家综合配套改革试验区）	国务院、国家发改委、科技部
	司法文明指数总得分	中国司法文明指数报告
	市场化指数	中国分省市场化指数报告
	中国城市商业信用环境指数	中国城市商业信用环境指数报告

续附表3

从业环境指数		数据来源
经济环境	地区 GDP	国家统计局、中国城市统计年鉴
	第三产业增加值占比	国家统计局、中国城市统计年鉴
	人均地区 GDP	国家统计局、中国城市统计年鉴
	外商直接投资实际使用金额	国家统计局、中国城市统计年鉴
	货物进出口总额	国家统计局、中国城市统计年鉴
	城镇职工基本养老保险参保比例	国家统计局、中国城市统计年鉴
	城镇职工基本医疗保险参保比例	国家统计局、中国城市统计年鉴
	政府财政支出占地区 GDP 比重	国家统计局、中国城市统计年鉴
	财政收入/财政支出	国家统计局、中国城市统计年鉴

四、人力资源子指数

在人力资源方面，如果说金融从业环境是金融中心发展的软实力，那么金融人力资源毫无疑问是金融中心发展的硬实力。金融是一个轻资产的服务型行业，人才就是竞争力的体现，对人才的吸引和培养则是金融中心立足发展的关键。从理论上讲，金融人才是最重要的供给因素，是金融集聚的重要体现，是每一个金融市场发展不可或缺的因素。金融人才的集聚和质量的提升还可以带来信息质量的提升，对一个金融中心的发展也是至关重要的因素。从政策上讲，各地发展金融中心都不可或缺地提出了吸引金融人才的政策，这是建设金融中心的关键所在。从实践上讲，金融人才的聚集是金融中心发展和成熟的标志，金融中心的成立可能是由于路径依赖和蝴蝶效应，可能是政策推动，但是如果没有金融人才的聚集，这个金融中心不可能有进一步发展的空间，而会逐渐地衰落。天府金融指数从人力资源数量、人力资源质量、人力资源基础和人力资源潜力四个方面进行评估。从业人员的数量是衡量金融人力资源的最直接指标，同时我们在考虑数量的同时兼顾对质量的考量，使用博士毕业研究与试验发展（R&D）

人员数量作为一个代理变量考察质量因素。人力资源基础包括了从小学、中学到高等教育的各个阶段，尤其是考虑了经济学相关领域的高等教育情况。人力资源潜力方面重点考察从业阶段人员不断提升自己人力资本的能力，包括每百人公共图书馆藏书、每百人教育支出、城市公共图书馆个数。可以说，金融人力资源这个一级指标衡量了城市对金融人才的吸引、培养和配置的方方面面，具体构建见附表4。

附表4　人力资源子指数指标体系

人力资源指数		数据来源
人力资源数量	金融行业从业人员数量	国家统计局、中国城市统计年鉴
	教育行业从业人员数量	中国城市统计年鉴
人力资源质量	博士毕业人员数量	国家统计局、科技部
	大专以上人口占总人口比重	国家统计局
人力资源基础	全国百强高中数量	教育部
	"双一流"建设高校数量	教育部
	经济学排名前十的高校数量	教育部
	高等学校在校生数量	国家统计局、中国城市统计年鉴
	普通中小学人均教师数量	国家统计局、中国城市统计年鉴
人力资源潜力	每百人公共图书馆藏书数量	国家统计局、中国城市统计年鉴
	每百人教育支出额	国家统计局、中国城市统计年鉴
	城市公共图书馆个数	国家统计局、中国城市统计年鉴

五、科技金融子指数

科技金融应该发挥的最主要作用是解决科技创新的资金投入和风险分担问题，包括对初创企业的投融资支持、高新技术企业的金融服务、科技创新与金融资本的结合、科技创新风险的分散分担和化解。从理论上讲，科技金融的发展主要体现在需求方面，当地有科技企业对金融服务有特殊的需求，需要提供相应的服务来进行满足。科技企业常常是资金需求量大而可供抵（质）押的资产较少，如何创新性地满足其需求是科技金融发展的关键。从政策上讲，我国很早就有文件提出要为初创企业提供金融服务，解决它们融资难、融资贵的问题。从实践上讲，各地纷纷提出要建立科技金融中心，杭州、武汉、深圳、成都都有自己创新的模式来解决当地科技企业的融资问题，如何客观地建立统一的标准来评价，是一个实践问题。天府金融指数从科技金融基础和科技金融发展来进行科技金融维度的评价。科技金融基础是当地开展和从事科技金融业务的基础，是科技金融业务发展的需求和潜力，包括科学技术支出占财政支出比重、专利授权数、研究与试验发展经费支出占国内生产总值比重、研究与试验发展（R&D）人员、高新技术企业数、高新技术企业总收入、高新技术产业投资额。科技金融发展是指当地现阶段科技金融业务发展规模，包括科技类企业 A 股上市公司家数和市值、科技类企业进行并购交易的家数、科技类企业获得 PEVC 投资的家数、军民融合上市公司个数、军民融合上市公司利息支出占借款总额比重、军民融合上市公司借款总额占总负债比重。科技金融领域的科技贷款是衡量科技金融发展的重要指标，但是并没有公开数据可以查找，所以指标体系中并没有涉及。对于科技金融来讲，科技贷款的业务可能并没有那么重要。科技型企业的风险较高、没有足够的抵（质）押品，单独的银行贷款难以通过银行审核，常常需要"投贷联合"或者"贷款＋担保"的模式，这在指标体系的其他方面会有所体现。可以说，科技金融这个一级指标衡量了一个城市开展科技金融业务的现状和潜力，具体构建见附表 5。

附表 5　科技金融子指数指标体系

	科技金融指数	数据来源
科技金融基础	科学技术支出占财政支出比重	中国城市统计年鉴
	专利授权数	中国科技统计年鉴
	研究与试验发展经费支出占国内生产总值比重	国家统计局、科技部
	研究与试验发展（R&D）人员	国家统计局、科技部
	高新技术企业数量	科技部
	高新技术企业总收入	科技部
	高新技术产业投资额	国家统计局、科技部
科技金融发展	科技类企业 A 股上市公司家数	国家统计局、Wind 资讯金融终端
	科技类企业 A 股上市公司市值	国家统计局、Wind 资讯金融终端
	科技类企业进行并购交易的家数	中国并购交易数据库
	科技类企业获得 PEVC 投资的家数	中国 PEVC 数据库
	军民融合上市公司个数	国家统计局、Wind 资讯金融终端
	军民融合上市公司利息支出占借款总额比重	国家统计局、Wind 资讯金融终端
	军民融合上市公司借款总额占总负债比重	国家统计局、Wind 资讯金融终端

六、绿色金融子指数

在绿色金融方面，主要参考国务院《生态文明体制改革总体方案》中"构建绿色金融体系"的相关举措来搭建绿色金融的指标体系。从理论上讲，绿色金融的发展主要体现在需求方面，当地有环保服务类企业对金融服务有特殊的需求，需要提供相应的服务来进行满足。这些企业一般都具有一定的公益性质，跟政府城市项目有密切关系，可以改善当地的生态环境，有利于经济的可持续发展。但是公益类型的项目通常难以获得有效、足够的资金支持，需要创新金融服务模式来满足这些企业的融资需求。从政策上讲，国务院在多个文件中指出，金融要服务于经济的可持续发展，多个城市也出台了相应的规划来响应国家的战略。从实践上讲，绿色金融在落地时出现了多种生态，比如政府担保下的绿色贷款、在银行间市场发行的绿色债券、各地的碳金融交易平台。天府金融指数中的绿色金融子指数主要从绿色金融基础和绿色金融发展两个方面进行评估。绿色金融基础主要是指当地发展绿色金融的迫切程度和开展难度，主要包括生活垃圾无害化处理率、污水处理厂集中处理率、人均用水量（立方米）、环境保护系统年末机构总数、城市道路交通噪声监测情况—路段超标率。绿色金融发展是指目前绿色金融业务的开展情况，包括环保公共服务类企业 A 股上市公司家数和市值、环保公共产业企业进行并购交易的家数、环保公共产业企业获得 PEVC 投资的家数、绿色债券发行额、碳排放配额累计成交额、CCER 累计成交量、本级环保能力建设资金使用总额、环境污染治理投资占地区 GDP 比重。可以说，绿色金融这个一级指标衡量了一个城市开展绿色金融业务的现状和潜力，具体构建见附表 6。

附表 6　绿色金融子指数指标体系

绿色金融指数		数据来源
绿色金融基础	生活垃圾无害化处理率	中国城市统计年鉴、环保部
	污水处理厂集中处理率	中国城市统计年鉴、环保部
	人均用水量	国家统计局、环保部
	环境保护系统年末机构总数	国家统计局、环保部
	城市道路交通噪声监测情况—路段超标率	国家统计局、环保部

续附表6

绿色金融指数		数据来源
绿色金融发展	环保公共服务类企业 A 股上市公司家数	国家统计局、Wind 资讯金融终端
	环保公共服务类企业 A 股上市公司市值	国家统计局、Wind 资讯金融终端
	环保公共产业企业进行并购交易的家数	中国并购交易数据库
	环保公共产业企业获得 PEVC 投资的家数	中国 PEVC 数据库
	绿色债券发行额	Wind 资讯金融终端
	碳排放配额累计成交额	碳排放交易网
	CCER 累计成交量	四川联合环境交易所
	本级环保能力建设资金使用总额	国家统计局、环保部
	环境污染治理投资占地区 GDP 比重	国家统计局、环保部

七、文化金融子指数

文化产业和金融资本的相关性日益增强。受文化产业的特性影响，文化金融发展的重点体现在两个方面：一是文化产业的内容吸引，二是金融资本对文化产业的融资满足。从理论上讲，文化金融的发展主要体现在需求方面，当地有文化产业类企业对金融服务有特殊的需求，需要提供相应的服务来进行满足。文化产业具有特殊性，以商标、著作权等无形资产作为主要的资产和竞争力，并且其未来的盈利能力和收入水平具有一定的不可预测性，需要金融机构创新金融服务来满足这一类型的企业进行融资服务。文化金融的指标体系构建围绕这两个方面，主要分为文化金融的基础、文化金融的发展。文化金融的基础是指当地从事和开展文化金融业务的基础，包括文化产业的市场规模、文化产业的发展环境和进一步发展的空间潜力，具体指标包括 PC 浏览量占比、2016 电影票房收入、4A 级景区数量、文化市场经营机构数量、出版物发行机构数、公共财政文化体育与传媒支出、城镇居民人均文教娱乐现金消费支出占人均可支配收入比重。文化金融发展是指目前当地文化金融业务的开展情况，包括文化产业企业 A

股上市公司家数和市值、文化产业企业进行并购交易的家数、文化产业企业获得 PEVC 投资的家数、文化产业本年完成投资额。可以说，文化金融这个一级指标衡量了一个城市开展文化金融业务的现状和潜力，具体构建见附表7。

附表7　文化金融子指数指标体系

文化金融指数		数据来源
文化金融基础	PC 浏览量占比	Wind 资讯金融终端
	2016 电影票房收入	新浪四川资讯
	4A 级景区数量	国家文化旅游部
	文化市场经营机构数量	国家统计局、文化部
	出版物发行机构数量	国家统计局、文化部
	公共财政文化体育与传媒支出	国家统计局、财政部
	城镇居民人均文教娱乐现金消费支出占人均可支配收入比重	国家统计局、中宣部
文化金融发展	文化产业企业 A 股上市公司家数	国家统计局、Wind 资讯金融终端
	文化产业企业 A 股上市公司市值	国家统计局、Wind 资讯金融终端
	文化产业企业进行并购交易的家数	中国并购交易数据库
	文化产业企业获得 PEVC 投资的家数	中国 PEVC 数据库
	文化产业本年完成投资额	国家统计局、文化部

八、农村金融子指数

中国是世界上国土面积第三大、耕地面积第四大的国家，农业是中国经济的根基和命脉。占中国人口绝大多数的农民也是金融服务需要重点帮助的对象。从理论上讲，金融可以服务于经济的转型和发展。随着中国的城镇化和新型农村建设的不断推进，农民和农业金融机构也充满对金融服务的需求，需要金融机构创新金融服务方式来满足这方面的需求。从政策上讲，党的十九大提出实施乡村振兴战略，可见国家对农村、农民的重视程度。从 2010 年开始，国家便积极尝试农村金融的服务方式改革创新，要求各地积极探索。从实践上讲，各地因地制宜发展农村金融，取得了非常大的建设性的成效，黑龙江、四川、山东、重庆、深圳等地区都有非常有特色的农村金融发展模式。天府金融指数中的农村金融子指数主要从农村金融基础和农村金融发展来考察，前者主要是指当地开展和从事农村金融业务的基础和发展潜力，后者主要是指当地开展农村金融业务的具体发展情况。农村金融基础的具体指标包括第一产业增加值、农用机械总动力、镇区及乡村消费品零售额占全社会消费品零售额的比重、农村居民个人固定资产投资完成额。农村金融发展的指标主要包括农业及相关服务业企业 A 股上市公司家数和市值、小型农村金融机构从业人数和资产规模、新型农村金融机构从业人数和资产规模。农村金融与指标的构建见附表 8。

附表 8　农村金融子指数指标体系

农村金融指数		数据来源
农村金融基础	第一产业增加值	国家统计局
	农用机械总动力	国家统计局、中国农业部
	镇区及乡村消费品零售额 占全社会消费品零售额的比重	国家统计局、国家粮食局
	农村居民个人固定资产投资完成额	国家统计局、国家粮食局
农村金融发展	农业及相关服务业企业 A 股上市公司家数	国家统计局、Wind 资讯金融终端
	农业及相关服务业企业 A 股上市公司市值	国家统计局、Wind 资讯金融终端
	小型农村金融机构从业人数	中国区域金融运行报告
	小型农村金融机构资产规模	中国区域金融运行报告
	新型农村金融机构从业人数	中国区域金融运行报告
	新型农村金融机构资产总额	中国区域金融运行报告